A INTERNET

Conselho Editorial

Alcino Leite Neto
Ana Lucia Busch
Antônio Manuel Teixeira Mendes
Arthur Nestrovski
Carlos Heitor Cony
Contardo Calligaris
Marcelo Coelho
Marcelo Leite
Otavio Frias Filho
Paula Cesarino Costa

FOLHA
EXPLICA

A INTERNET

MARIA ERCILIA E
ANTONIO GRAEFF

PubliFolha

© 2008 Publifolha – Divisão de Publicações da Empresa Folha da Manhã S.A.

Todos os direitos reservados. Nenhuma parte desta publicação pode ser reproduzida, arquivada ou transmitida de nenhuma forma ou por nenhum meio sem permissão expressa e por escrito da Publifolha – Divisão de Publicações da Empresa Folha da Manhã S.A.

Editor
Arthur Nestrovski

Editor-assistente
Rodrigo Villela

Produção gráfica
Soraia Pauli Scarpa

Assistente de produção gráfica
Mariana Metidieri

Projeto gráfico da coleção
Silvia Ribeiro

Revisão
Cacá Mattos

Editoração eletrônica
Carla Castilho | Estúdio

Imagem de capa
Adriana Varejão, *O Místico*, 2005, óleo sobre tela (90 x 72 cm), gentilmente cedida pela artista. Foto: Eduardo Ortega

---

Dados Internacionais de Catalogação na Publicação (CIP)
(Câmara Brasileira do Livro, SP, Brasil)

Ercilia, Maria e Graeff, Antonio
  A Internet / Maria Ercilia e Antonio Graeff. – 2ª ed. –
São Paulo : Publifolha, 2008. – (Folha explica)

  Bibliografia.
  ISBN 978-85-7402-941-2

  1. Informática 2. Internet (Rede de computadores)
I. Graeff, Antonio. II. Título. III. Série.

08-07565   CDD-004. 678

Índices para catálogo sistemático:
1. Internet: Rede de computadores:
Processamento de dados 004. 678

PUBLIFOLHA
Divisão de Publicações do Grupo Folha

Al. Barão de Limeira, 401, 6º andar
CEP 01202-900, São Paulo, SP
Tel.: (11) 3224-2186/2187/2197
www.publifolha.com.br

SUMÁRIO

INTRODUÇÃO 7

1. O QUE É A INTERNET:
   UMA BREVE HISTÓRIA 11

2. O QUE É A WORLD WIDE WEB 17

3. A WEB SOCIAL 33

4. A INTERNET NO BRASIL 45

5. O QUE SE PODE FAZER NA INTERNET 55

6. OS PROFETAS DA INTERNET 73

7. A SOCIOLOGIA DA INTERNET 87

CRONOLOGIA 95

GLOSSÁRIO 109

A Web é uma criação mais social que técnica. Eu a construí para um efeito social – ajudar as pessoas a trabalharem juntas – e não como um brinquedo tecnológico. A finalidade última da Web é ajudar a melhorar a "teia" de nossa existência no mundo. Nós nos agrupamos em famílias, associações e empresas. [...] O que acreditamos, endossamos e aceitamos é representável e, cada vez mais, representado na Web.

Tim Berners-Lee, cientista, criador da *World Wide Web*.
Em: *Weaving the Web* (San Francisco: Harper, 1999).

INTRODUÇÃO

Trocar e-mails, conversar usando mensagens instantâneas, participar de comunidades em redes sociais e buscar informações na Internet são atividades que já fazem parte do cotidiano de 42,6 milhões de brasileiros, segundo pesquisa da União Internacional de Telecomunicações (UIT) divulgada em 2007.

Mais de 90% das empresas no Brasil estão conectadas à Internet e a banda larga está em metade dos domicílios que possuem acesso à rede. No mundo, a Internet é usada por 1,4 bilhão de pessoas. Entre 2000 e 2008 o crescimento do número de usuários foi de 290% e não dá sinais de diminuição.

Os impactos da Internet são sentidos em quase todas as áreas: no trabalho, no lazer, na educação e na forma como as pessoas se relacionam. Muitas pessoas não conseguem imaginar como seria encontrar informações sem o Google, empresa cujo nome virou sinônimo de busca.

Eric Schmidt, CEO do Google, resumiu a estratégia do buscador em uma frase: "*Don't fight the Internet*" (não lute contra a Internet). Em vez de tentar controlar ou combater a natureza da rede, a idéia é fazer com que o negócio aproveite os efeitos positivos de conectar milhões de pessoas. É possível observar estratégia semelhante em quase todos os serviços que fazem sucesso na rede.

Muito em breve, o computador não será a única forma de acessar a Internet. As promessas de acesso à rede pelo celular começam a ser concretizadas. Conexões lentas, interfaces difíceis de usar, telas pequenas e pouca oferta de conteúdo estão dando lugar a uma nova geração de telefones celulares capazes de navegar de fato na Web. Os novos aparelhos navegam em velocidades mais próximas da banda larga, têm telas maiores e usam recursos como interfaces sensíveis ao toque.

Este livro conta brevemente a história da criação da Internet e como a rede que deveria ser usada para conectar instalações militares e centros de pesquisa nos EUA se tornou uma rede mundial que interliga mais de 540 milhões de computadores. Mostra ainda o desenvolvimento da face mais conhecida da Internet, a Web. E, para quem está dando os primeiros passos na rede, há uma seção dedicada a mostrar como aproveitar melhor o que a Internet tem a oferecer.

1. O QUE É A INTERNET: UMA BREVE HISTÓRIA

 idéia da Internet surgiu em centros de pesquisa militares nos EUA, passou por um período de incubação em instituições acadêmicas e depois chegou ao uso cotidiano. Em 1962, no auge da Guerra Fria, foi lançada a semente para a sua formação: naquele ano começou a pesquisa para uma rede de computadores que ligasse pontos considerados de interesse estratégico para o país, como bases militares, centros de tecnologia e instituições acadêmicas.

Os estudos foram conduzidos pela Rand Corporation, uma organização ligada ao governo norte-americano. Uma das premissas da rede era não possuir um comando centralizado, de modo que a perda de uma parte da rede não impactaria o funcionamento dos pontos não atingidos diretamente pelo problema. Todos os pontos (os *nós* da rede) teriam a mesma importância e os dados poderiam trafegar por vários caminhos para chegar a seu destino. Era uma forma de garantir a manutenção das comunicações mesmo em situações extremas, como uma guerra.

Em 1969 foi inaugurada a primeira versão da rede, a Arpanet (de *Advanced Research Projects Agency Network*, ou Rede da Agência de Projetos de Pesquisa Avançada). Essa rede, que conectava apenas quatro pontos, foi evoluindo até tomar uma forma muito próxima da Internet de hoje. Em 1983 foi estabelecido o TCP/IP (*Transmission Control Protocol/Internet Protocol*), até hoje o protocolo de comunicação usado pelos computadores conectados à Internet.

Esse protocolo é uma coleção de instruções que diz aos computadores conectados à Internet como as informações devem ser trocadas para que os outros computadores possam "entendê-las". É como se fosse a língua falada por todos os computadores que fazem parte da rede.

Na Internet as informações são trocadas através da chamada "comutação de pacotes". Cada mensagem é dividida em pequenos pedaços, ou pacotes, que recebem um endereço de origem e um endereço de destino. Os pacotes podem tomar vários caminhos, sendo enviados de um computador para outro, mais ou menos na direção do seu destino. Se uma rota está bloqueada, eles tomam outra. Quando os pacotes chegam ao destino, a mensagem é remontada. Um mesmo ponto da rede pode receber, enviar e redirecionar pacotes de outros pontos ao mesmo tempo.

Numa ligação telefônica, por exemplo, a informação trafega por um circuito (ou "canal") dedicado exclusivamente a ela. Se aquele canal for interrompido por algum motivo, a comunicação não será mais possível. Já na Internet, uma conexão pode seguir várias rotas possíveis e tomar aquela que estiver menos congestionada no momento. São computadores especializados, equipamentos chamados "roteadores", que tomam a decisão de dirigir os "pacotes" para rotas alternativas se a mais direta não está disponível.

A aplicação que acelerou a adoção da Arpanet no meio acadêmio e centros de pesquisa foi a troca de mensagens. Os primeiros programas de correio eletrônico, de 1972, já usavam o sinal "@" nos endereços, convenção mantida até hoje. Os cientistas, professores e estudantes começaram a usar a Arpanet mais para se comunicar, trocar informações e fofocas do que para compartilhar recursos dos computadores, como era sua finalidade inicial. Era o primeiro indício de que a rede começava a tomar vida própria, que nada tinha a ver com a concepção original de seus criadores.

O sucesso da Arpanet levou à criação, em 1974, da Telenet, primeiro serviço comercial de rede. Mas a iniciativa não foi bem recebida e nunca chegou a fazer sucesso. Nos anos seguintes várias universidades dos EUA, Inglaterra, Noruega e outros países usaram a Arpanet para interconectar suas redes locais – que conectam apenas os computadores de uma mesma organização. Esse caráter de rede (*net*) que interconecta outras redes dá origem, em 1982, ao nome "Internet".

A rede só ganharia reconhecimento fora do meio acadêmico em 1990, quando foi lançado o serviço "The World" [http://world.std.com], primeiro provedor de acesso discado à Internet nos EUA.

Em 1992, veio o empurrão que faltava para que a Internet penetrasse na consciência coletiva dos norte-americanos. Bill Clinton, então candidato à Presidência, decide usar em sua campanha a idéia de uma América conectada por redes de educação e informação.

Naquela época já existiam muitos arquivos de informação na Internet, e até algumas ferramentas de navegação e busca rudimentares, como o Gopher e o Veronica. Mas o uso dessas ferramentas não era simples. A Internet dos institutos de pesquisa servia para os cientistas, mas seria inacessível para o público comum.

O que realmente determinaria o sucesso da Internet seria um acontecimento que passou quase despercebido em 1991: a criação da *World Wide Web* (Teia de Alcance Mundial), um sistema de hipertexto que tornaria fácil navegar pela superfície até então árida da Internet.

LEIA MAIS

"Histories of the Internet"
Página do site da Internet Society com links para vários documentos que descrevem a criação da rede [http://www.isoc.org/internet-history/].

"Hobbes' Internet Timeline"
Linha do tempo com os principais eventos que marcaram a história da Internet
[http://www.zakon.org/robert/internet/timeline/].

2. O QUE É A WORLD WIDE WEB

Enquanto a Internet dava os primeiros passos rumo à popularização, do outro lado do Atlântico um jovem físico matutava sobre questões que nada tinham a ver com a Guerra Fria. O ano era 1989. O inglês Tim Berners-Lee, bolsista no laboratório de pesquisa Cern (Conselho Europeu para Pesquisa Nuclear), na Suíça, vinha pensando em desenvolver um sistema de hipertexto simples e flexível para redes de computador.

O termo "hipertexto" foi cunhado por Ted Nelson, criador do Projeto Xanadu, uma tentativa – que nunca deu certo – de criar um gigantesco sistema de informação acessível no mundo inteiro, ainda em 1960. Nelson definiu hipertexto como "escrita não-seqüencial – texto que se ramifica e permite escolhas ao leitor, e que é lido de forma mais eficiente numa tela interativa".[1]

---

[1] *Literary Machines* (Swarthmore, Pa.: edição do autor, 1981).

Na definição do *Oxford English Dictionary*, "hipertexto" é "texto que não forma uma seqüência única e pode ser lido em várias ordens; especialmente texto e imagens que estão interconectados de tal forma que o leitor do material (exibido numa tela de computador) pode interromper a leitura do documento em determinado ponto, para consultar assuntos relacionados".[2] Difícil de definir, mas fácil de entender para quem já usou a Web alguma vez e clicou em imagens ou palavras destacadas que levam a outros textos, que por sua vez levam a outros e assim por diante.

Parece simples hoje, mas centenas de pessoas procuravam havia anos desenvolver sistemas de hipertexto que se tornassem um padrão para distribuição de informação. Em seu livro *Weaving the Web*,[3] Berners-Lee conta como começou a se interessar pelo assunto. Seu pai, que era matemático e trabalhou na construção do primeiro computador comercial, o Manchester Mark 1, estava certa vez lendo livros sobre o cérebro humano, para tentar descobrir como tornar os computadores "intuitivos" e capazes de completar conexões. A conversa que teve com o pai nesse dia foi a semente de suas pesquisas sobre hipertexto.

Anos depois dessa conversa, em 1989, Berners-Lee escreveu uma proposta para criar um sistema de hipertexto para uso interno do Cern. A idéia era apenas facilitar a comunicação entre os pesquisadores e a documentação de projetos. A proposta foi aceita, e em 1990 ele concluiu um programa chamado *World Wide Web*.

"Sempre houve coisas que as pessoas fazem bem, e sempre houve coisas que os computadores fazem

---

[2] *Oxford English Dictionary – Additions Series*, v. 2, ed. John Simpson e Edmund Weiner (Oxford: Clarendon Press, 1993).
[3] San Francisco: Harpers, 1999

bem", diz Berners-Lee em seu site na Internet.[4] "Uma das coisas que os computadores não fazem bem é arquivar associações ao acaso entre coisas aparentemente disparatadas, embora isso seja uma coisa que o cérebro faz bem."

Logo no início do projeto, Berners-Lee tomou a decisão de usar a World Wide Web em conjunto com a Internet, em vez de se valer do sistema usado pela rede do Cern. Isso se mostraria crucial para o sucesso de sua criação. Ele começou a divulgar seu software para a comunidade de programadores de hipertexto, e colocou o primeiro servidor de Web na Internet em 1991 – o endereço era http://info.cern.ch/.

Graças aos grupos de discussão que já naquela época existiam na Internet, a World Wide Web se espalhou muito rapidamente dali para a frente. O primeiro programa de navegação para a Web foi escrito pelo próprio Berners-Lee, mas nunca se tornou popular, pois só funcionava nos computadores NeXT, muito caros e avançados em comparação com o que a maioria das pessoas poderia pagar.

Pei Wei, um estudante de Stanford, criou o Viola, navegador que rodava no sistema operacional Unix, usado por grande parte dos pesquisadores da época. O Midas, também para Unix, foi escrito por outro estudante, Tony Johnson. Os dois foram lançados em 1993.

Mas foi Marc Andreessen, estudante da Universidade de Illinois (*National Center for Supercomputing Applications* – NCSA), o criador do programa que popularizaria a Web. Em parceria com seu colega Eric Bina, ele desenvolveu o Mosaic, também em 1993. Era muito simples de usar e tinha versões para PC e Macintosh.

---

[4] [http://www.w3.org/People/Berners-Lee/].

Marc Andreessen foi então convidado por um executivo do Vale do Silício – a região californiana onde se concentram muitos dos mais importantes centros de pesquisa em novas tecnologias e berço de inúmeras empresas do setor –, chamado Jim Clark, a montar uma empresa que produziria uma versão comercial do Mosaic. O ano era 1994. O nome da empresa: Netscape.

Jim Clark era um veterano de tecnologia. Tinha fundado, em 1981, a Silicon Graphics, fabricante de caros computadores para uso profissional em design, animação, edição de vídeo e artes gráficas. Foi o primeiro homem de negócios a ter uma visão do enorme potencial da Web, que começaria a se realizar em poucos anos.

A GUERRA DOS BROWSERS

Em outubro de 1994 foi lançada a versão beta do Mosaic Netscape. Por exigência da Universidade de Illinois, o nome "Mosaic" deixou de ser usado e o produto passou a se chamar Netscape Navigator. A versão beta era gratuita; a versão final que foi lançada pouco depois tinha um preço, mas quem quisesse podia usar sem pagar. Era o que a maioria das pessoas fazia; e foi assim que o Netscape rapidamente se tornou o padrão para navegação na Internet.

Em 1995 a Microsoft lança um concorrente do Netscape, o Internet Explorer. Numa das primeiras reuniões para discutir a estratégia do produto na Microsoft, Bill Gates teria respondido à sugestão de distribuí-lo gratuitamente: "Não somos comunistas". Mas a Microsoft acabou tomando a decisão de tornar o Explorer gratuito, na tentativa de ganhar o mercado dominado pelo Netscape.

Em dezembro do mesmo ano, Bill Gates divulga um documento no qual delineia a estratégia da Microsoft para a Internet. Diz que a empresa está totalmente orientada para produtos ligados à rede mundial e que sua meta é conseguir que os programas da Microsoft "adotem e estendam" a Internet e seus padrões.

Com o lançamento do Internet Explorer, começava a chamada "guerra dos browsers" (navegadores). As duas empresas lançavam freneticamente novas versões de seus programas, cada uma copiando as inovações da outra. A rivalidade entre as duas acabou acelerando muito o ritmo de desenvolvimento de seus produtos, e os consumidores acabaram tendo uma escolha de dois ótimos programas, ambos gratuitos. Sem esse ambiente de competição, os programas de navegação jamais teriam se desenvolvido e se difundido tão rapidamente.

A Microsoft chegou a tentar comprar a Netscape, sob a ameaça de tirá-la do mercado se esta última não cedesse. Ao mesmo tempo, era acusada publicamente pela Netscape de forçar os fabricantes de computadores a pré-instalarem o Internet Explorer nas máquinas rodando o Windows, sistema operacional da empresa.

A disputa rendeu à Microsoft, em 1997, um processo por práticas monopolistas. Por muito pouco, a empresa de Bill Gates não foi forçada pelos tribunais dos EUA a separar seus negócios em duas unidades: uma responsável pelo sistema operacional e outra encarregada de aplicações como o Internet Explorer e o Office.

A Netscape não cedeu à pressão da Microsoft, mas foi perdendo lentamente terreno e, em novembro de 1998, foi vendida para a America Online por US$ 4,2 bilhões. A AOL começou a usar a tecnologia da empresa em seu navegador e abandonou o Netscape à própria sorte. O suporte ao navegador foi encerrado em dezembro de 2007, quando menos de 1% dos usuários da Internet ainda utilizava o produto.

Mas a pequena empresa fundada por Jim Clark vai entrar para a história por ter inaugurado a era da exploração comercial da Internet. Foi o primeiro de muitos fenômenos de capitalização quase instantânea e construção rapidíssima de marca que se veria entre as empresas mais bem-sucedidas da indústria. Nos anos que se seguiram, surgiram outras, como a Yahoo!, a Amazon e o Google.

O Internet Explorer chegou a ter mais de 95% do mercado de browsers entre 2002 e 2003. Em um mercado sem competição, a velocidade das inovações diminuiu bastante. Entre 2001 e 2006 a Microsoft só lançou uma nova versão de seu navegador.

Em resposta a isso, a Mozilla Foundation lançou, no final de 2004, o Mozilla Firefox, com uma série de recursos inexistentes no Explorer e considerado menos sujeito a problemas de segurança. O programa foi desenvolvido segundo a filosofia de software livre: o código-fonte – que contém as instruções de programação – pode ser acessado e alterado por qualquer um, o que incentiva a participação no projeto de pessoas espalhadas pelo mundo.

Com o aumento da adoção do Firefox, a Microsoft reacordou para esse mercado. Depois de lançar a sétima versão do Explorer, promete uma série de melhorias para a próxima versão do programa. Um estudo da Net Applications mostra que, no primeiro trimestre de 2008, o Internet Explorer foi o navegador de 75,06% dos usuários da Web, enquanto o Firefox foi usado por 17,35% dos internautas e mantém trajetória de crescimento.

EYEBALLS

Ao mesmo tempo que era travada a guerra dos browsers, outro conflito se anunciava. A quantidade de conteúdo na Web crescia a uma velocidade impressionante. O desafio era encontrar a informação que se queria em meio às milhões de páginas publicadas.

No começo de 1994 Jerry Yang e David Filo, estudantes da Universidade de Stanford, nos EUA, sofrendo na pele com o problema, criaram o *Jerry's Guide to the World Wide Web* (Guia do Jerry para a World Wide Web). O site, de apresentação muito simples, trazia apenas uma coleção de links que os estudantes achavam interessantes. Como a lista não parava de crescer, a dupla logo teve de dividir a coleção em categorias e, logo a seguir, em subcategorias. Surgia o conceito de diretório como forma de organizar a informação da Web.

A notícia do novo serviço se espalhou rapidamente pela Internet. Os pedidos de inclusão no diretório, enviados por administradores de sites e usuários do serviço, se acumulavam. Por causa da atualização manual do diretório, era bastante complicado fazê-lo acompanhar o ritmo de crescimento da Web. Sites surgiam, mudavam de endereço e desapareciam.

Com o aumento da visitação, os fundadores resolveram procurar um nome mais curto e fácil de lembrar. Surgiu o Yahoo!, uma sigla bem-humorada para *Yet Another Hierarchical Officious Oracle* (Mais um Oráculo Hierárquico Oficioso). Em 1995, o serviço se profissionalizou e abandonou as instalações de Stanford.

Ao mesmo tempo, outras empresas buscavam formas alternativas de encontrar informações na Web. Em vez de empregar pessoas, serviços como Altavista, Lycos e Excite – também criado por ex-alunos de Stanford – usavam programas de computador chamados *crawlers* (rastejadores) ou *spiders* (aranhas) para manter e atualizar um diretório de sites.

Os spiders agem como um usuário que acessa uma página e clica em todos os links. Esse tipo de programa faz isso repetidamente, a partir das páginas que se abrem, até que não existam mais links a serem clicados. O endereço e conteúdo das páginas são então guardados em um banco de dados. Nesse esquema, descobrir novos sites e páginas e remover links desatualizados é uma questão de revisitar os endereços conhecidos depois de algum tempo.

Para o internauta o funcionamento da busca é simples. Em vez de procurar por um assunto em uma lista de categorias e subcategorias, basta digitar o que se convencionou chamar de "palavras-chave" – termos que descrevem o que se procura. O sistema busca no banco de dados páginas que contenham as palavras-chave informadas e monta uma lista com os resultados. Sistemas mais refinados procuram sinônimos e variações dos termos buscados de modo a aumentar a chance de encontrar o conteúdo desejado.

O próprio Yahoo! não demorou para reconhecer o valor desse tipo de serviço e acabou integrando um sistema de busca a seu diretório.

Mecanismos de busca nesse formato não empregam pessoas, mas têm custos altos em termos de armazenamento de dados, largura de banda e poder de processamento de computadores. E, apesar de terem grande audiência e serem considerados úteis, esses sites não possuíam uma forma de gerar receitas que sustentassem suas operações.

Inspirado pela experiência com *banners* do Hot-Wired, site criado pela revista *Wired*, que cobre o mundo da tecnologia e da Internet, no final de 1995, o Yahoo! começou a incluir esse tipo de anúncio em suas páginas. Não demorou muito para o modelo ser seguido por outros sites.

Os banners lembram o modelo de publicidade dos veículos tradicionais como jornais e revistas, no qual o anunciante paga por um espaço determinado. Quanto mais audiência uma página tem, maior o valor da publicidade.

Como forma de atrair mais visitantes e aumentar os valores arrecadados com publicidade, sites como Yahoo!, Excite, Lycos e Netscape começaram a oferecer uma série de outros produtos: e-mail grátis, notícias, esportes, informações financeiras, previsão do tempo, conteúdo infantil. Queriam ser as portas de entrada da Web e oferecer a seus usuários a maior quantidade possível de serviços de modo a mantê-los navegando dentro do site. Começava a era dos portais e a disputa pela audiência – *eyeballs* (literalmente, globos oculares) – na Web.

A REVOLUÇÃO DA BUSCA

Se os mecanismos de busca já tinham se firmado como principal forma de encontrar informações na Web, o problema estava longe de ser resolvido. O crescimento acelerado da quantidade de conteúdo na Internet tornava os resultados das buscas cada vez menos relevantes. Como encontrar o resultado que melhor atende uma pesquisa se os mecanismos de busca retornavam, em muitos casos, milhares de páginas?

A questão era agravada pelo fato de os grandes portais competirem meramente pela quantidade de páginas em seus índices de busca e não pela qualidade dos resultados. Como os serviços de busca eram apenas mais um produto em meio a um leque grande de opções nos portais, a inovação nessa área não era prioridade.

Coube novamente a uma dupla de candidatos a PhD da Universidade de Stanford, Larry Page e Sergey Brin, revolucionar a forma como as pessoas navegavam na Internet e criar o Google, palavra que em poucos anos se tornou sinônimo de encontrar informação na Web.

A idéia por trás do Google surgiu no começo de 1996 a partir do projeto de pesquisa de Larry Page. O estudante percebeu que os links entre as páginas na Web podiam ser estudados usando a teoria dos grafos. Esse conceito matemático é usado para modelar as relações entre elementos de um grupo.

A hipótese de Page era de que a quantidade de links que apontam para uma página na Web era uma forma eficiente de avaliar a importância dessa página em comparação com as outras. E que essa informação poderia ser usada como uma forma de organizar melhor a lista de resultados de busca.

Em pouco tempo Brin se juntou a Page e montaram um mecanismo de busca simples que implementava o conceito: o "BackRub" (nome que emprega as palavras em inglês para "massagem nas costas"). O mecanismo logo foi renomeado para Google, baseado no termo matemático "googol", que se refere ao número 1 seguido de 100 zeros. O primeiro endereço do serviço era http://google.stanford.edu/. O algoritmo que classificava a importância das páginas foi chamado de PageRank, em referência ao nome de seu criador.

Em 1998, a dupla chegou a conversar com vários potenciais compradores para a tecnologia, mas foram repetidamente dispensados. David Filo, um dos fundadores do Yahoo!, conheceu o serviço, mas não se interessou em adquiri-lo. Em vez disso, incentivou a dupla a abrir uma empresa, finalizar o desenvolvimento do produto e voltar a procurá-lo.

Pouco tempo depois a dupla deixa Stanford, e a empresa abre as portas instalada na garagem de um amigo – como se tornou praticamente uma regra para as *start-ups* (empresas recém-criadas) no Vale do Silício.

Sustentado por dinheiro obtido de "*angel investors*" ("investidores anjos", pessoas que investem pequenas quantias em start-ups), o serviço do Google começa a ganhar notoriedade pela simplicidade de uso, velocidade e qualidade de seus resultados. Como forma de demonstrar confiança nos resultados, o sistema trazia – e mantém até hoje – um botão identificado por "*I'm feeling lucky*" (estou com sorte), que levava o internauta diretamente à página correspondente ao primeiro resultado da busca. A confiança não era sem propósito. Em boa parte das procuras, o primeiro resultado da lista realmente era o mais relevante. O Google declarou como sua missão "organizar a informação do mundo, tornando-a universalmente acessível e útil".

Mas, assim como outros serviços *online* populares na época, a empresa não tinha encontrado uma forma de rentabilizar a audiência atraída pela ferramenta de busca. Em um movimento considerado arriscado, Page e Brin se recusam a usar o formato de banners nas páginas do Google e vão atrás de outra forma de gerar receitas que sustentassem o crescimento da empresa.

Em 2000 o Google começa a vender publicidade na forma de links de texto cujo conteúdo é associado aos termos digitados na caixa de busca. A idéia é simples: os termos buscados indicam a intenção do usuário, algo que ele quer. E a melhor hora para mostrar ofertas de alguma coisa é quando alguém está procurando por ela.

O conceito de "links patrocinados" não era inédito. O Google conheceu essa forma de publicidade por meio da Goto.com, empresa que já explorava um sistema do gênero. A Goto.com mais tarde mudou de nome para Overture e acabou sendo comprada pelo Yahoo!.

Os links patrocinados se adequaram bem à filosofia do Google. Ao contrário de banners, que podiam tornar o carregamento das páginas de resultados de busca mais lento, publicidade na forma de texto tinha um impacto muito pequeno, e isso casava bem com a obsessão da empresa com a velocidade do serviço.

Para os anunciantes, bastava cadastrar os textos e links de suas ofertas e associá-los a palavras-chave. Sempre que essas palavras fossem usadas em uma busca, os anúncios seriam mostrados ao lado dos resultados. Diferente da publicidade usando banners, o anunciante não pagava a cada exibição de seu anúncio. A veiculação só era cobrada se o anúncio fosse clicado.

Como palavras-chave mais genéricas podiam ter publicidade de muitos anunciantes diferentes, o Google criou uma forma de ranking baseada em valor pago pela palavra e taxa de efetividade do anúncio (o *"click-through"*, ou taxa de cliques do anúncio). Não bastava pagar mais para garantir a exibição do anúncio nas posições de maior destaque na página de resultados. O anunciante precisava tornar o texto do anúncio e as palavras-chave escolhidas relevantes para os usuários da busca.

O movimento do Google se revelou um sucesso em termos de receita e foi bem recebido pelos usuários.

Em 2004 o Google faz sua estréia na bolsa eletrônica Nasdaq e se arrisca novamente ao usar um modelo de leilão pouco comum, pois dá aos fundadores um controle grande nas decisões da empresa. O preço de oferta inicial é fixado em US$ 85. No final do primeiro dia de negociação, as ações fecham cotadas a US$ 100,33, o que representa um valor de mercado para a empresa, que a coloca à frente de gigantes como General Motors e Amazon.

Relatório da Net Applications de abril de 2008 mostra que o Google é líder entre os serviços de busca no mundo, com 77,23% do mercado. O Yahoo!, segundo colocado, tem 12,24% de participação.

De acordo com o estudo "Brandz Top 100" de 2008 da Millward Brown, a marca do Google é considerada mais valiosa que marcas tradicionais como Microsoft, Coca-Cola e McDonald's, que investem bilhões de dólares – de 5% a 10% de suas receitas – em publicidade. O Google praticamente nunca anunciou seus serviços em jornais, revistas e televisão, preferindo aproveitar a força da própria Internet como mídia.

No que lembra bastante a estratégia dos portais, nos últimos anos, o Google tem lançado uma série de outros produtos não relacionados diretamente com seu negócio de busca e links patrocinados: Gmail (e-mail grátis), Google Finance (informações financeiras), Google News (notícias), Google Docs (editor online de documentos), Orkut (rede de relacionamentos) e muitos outros. Também tem comprado várias outras empresas, como o YouTube (site de compartilhamento de vídeos) e Blogger (ferramenta gratuita para criação de blogs).

A presença do Google em tantos mercados diferentes na Internet é motivo de preocupação para alguns, que temem que a concentração de informações pessoais nos serviços da empresa dê margem a abusos. Parte da filosofia corporativa divulgada pela companhia diz que suas decisões são sempre baseadas no princípio de "não fazer o mal" ("*don't be evil*").

LEIA MAIS

"Project Xanadu"
   Site que apresenta o projeto Xanadu, de Ted Nelson.
   <http://www.xanadu.net/>

"Tim Berners-Lee"
   Página pessoal de Berners-Lee no W3C, organização responsável pelos padrões técnicos usados na Web.
   <http://www.w3.org/People/Berners-Lee/>

"blog.pmarca.com"
   Site de Marc Andreessen, criador do Mosaic.
   <http://blog.pmarca.com/>

"Official Google Blog"
   Tudo sobre a história, produtos e novidades do Google. <http://googleblog.blogspot.com/>

3. A WEB SOCIAL

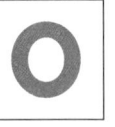 negócio tradicional de comunicação de massa – televisão, rádio, jornais e revistas – envolve custos altos, como os da infra-estrutura necessária para distribuição das informações. Isso acaba reduzindo bastante a quantidade de empresas que se aventuram nessa área. Já o fluxo de informações na Internet não envolve o deslocamento de nada material, o que torna seu custo de distribuição diversas ordens de grandeza menor.

A Web permite que indivíduos e pequenas organizações atinjam e se comuniquem com potencialmente milhões de pessoas. Basta montar um site, muitas vezes usando serviços gratuitos e, na teoria, as portas para todos os internautas do mundo estão abertas. A realidade é outra.

Nos primeiros anos da Web, a experiência de construir um site pessoal, não raro, era um exercício de frustração. Mesmo que o conteúdo tivesse qualidade e fosse relevante para algumas pessoas, as páginas ficavam perdidas entre milhões de outras. Como fazer as pessoas certas acharem seu site? E mesmo que alguém encontrasse seu site, como fazer essa pessoa voltar ao site sempre que houvesse conteúdo novo?

Os blogs ajudaram a responder essas questões, deram destaque ao conteúdo criado pelos próprios usuários e a um papel mais social da Web. Mas os blogs não estão sozinhos: atualmente há várias outras formas de criar, descobrir, consumir e compartilhar conteúdo na Internet.

BLOGS

Blogs – ou *weblogs* (diários da rede) – são um tipo de site no qual as páginas são organizadas em entradas (*posts*) ordenadas cronologicamente, com o post mais recente no alto. Cada post possui um endereço Web próprio, conhecido como permalink e há um arquivo de posts antigos. A atualização do conteúdo costuma ser feita por meio de ferramentas que tornam dispensáveis conhecimentos técnicos.

É comum que os sistemas de blogs também permitam a inclusão de fotos e arquivos de áudio e vídeo nos posts. Outro recurso usual é a publicação de *feeds* (palavra derivada do verbo em inglês para "abastecer" ou "alimentar"), que servem para alertar os visitantes quando há conteúdo novo no blog e dispensam a existência de uma periodicidade fixa de publicação.

A organização do conteúdo dos blogs por data facilitou a tarefa de acompanhar a publicação de conteúdo novo. Como o formato é compartilhado por quase todos os blogs, não é preciso aprender as especificidades da navegação de cada novo site.

Além disso, os blogs popularizaram a possibilidade dos leitores de comentar e discutir entre si o material publicado. Não é incomum que o conteúdo dos comentários de alguns blogs seja tão relevante quanto os próprios posts. Os comentários também facilitam a criação de um vínculo entre os blogueiros (nome que se dá a quem mantém e escreve em blogs) e os leitores-comentaristas do blog e entre os próprios leitores. Esse sentimento de comunidade em torno desse tipo de site ajuda a garantir o retorno dos visitantes.

Um costume adotado pelos primeiros blogueiros – e que permanece até hoje – é o de comentar conteúdo de outros sites e blogs e incluir links para eles. Ser citado e receber um link de um blog popular é garantia de aumento de visitação. Outra prática comum é incluir listas de links de blogs e sites que tratam do mesmo assunto: os *blogrolls*.

Ao contrário dos portais, que tentam criar experiências completas para seus visitantes, de modo a mantê-los navegando em seu conteúdo, os blogs de modo geral não têm restrições em apontar para conteúdo na Web. Alguns dos blogs mais populares da Internet são aqueles que conseguem descobrir páginas interessantes sobre determinado assunto e despacham o visitante naquela direção.

Além de ajudar na descoberta de conteúdo relevante na Web, a intensa troca de links entre blogs gerou um efeito colateral: as páginas de blogs se tornaram bem posicionadas nos resultados de mecanismos de busca como o Google, que usa a quantidade de links que uma página recebe como indício de qualidade do conteúdo. Blogs passaram a ser presença constante entre os primeiros resultados de busca para os mais variados assuntos.

Mais fáceis de criar, encontrar e acompanhar, os blogs se tornaram a forma mais comum para indivíduos e pequenos grupos – sem grandes investimentos ou infra-estrutura – atingirem uma audiência na Internet.

Criou-se até um termo para designar o universo em que ocorre – a base de posts, comentários e links – a conversa entre blogueiros e leitores e entre os vários blogs: *blogosfera*.

Alguns blogs – em geral relacionados a assuntos de grande interesse na Web, como tecnologia, política e celebridades – conquistaram audiências tão grandes que já são capazes de sustentar equipes de conteúdo e se tornaram negócios lucrativos. Passaram a competir com sites de publicações tradicionais e, em alguns casos, são responsáveis por furos jornalísticos e por chamar a atenção da imprensa para alguns assuntos.

Uma forma de publicação que vem se tornando comum são os micro-blogs. Neles, os posts são textos muito curtos (geralmente menos de 160 caracteres) e o usuário pode limitar a visualização do que é publicado a uma lista de contatos pré-selecionados. Geralmente as mensagens podem ser enviadas de várias formas: usando a Web, um comunicador instantâneo ou por meio do serviço de mensagens curtas (SMS) dos celulares. Um dos serviços de micro-blogs mais usados no mundo é o Twitter.

WIKIS

O termo "wiki" (pronuncia-se "uíqui") veio da expressão "wiki wiki", que no idioma falado no Havaí significa "super-rápido". É nessa velocidade que alguém navegando por um wiki se transforma de leitor em editor do conteúdo.

Os wikis são sites cujo conteúdo está aberto a colaboração: todas as páginas têm um botão "Editar". Assim como no caso dos blogs, o conhecimento técnico é dispensável para criar e editar páginas. Os wikis usam algumas convenções de formatação de texto bem mais simples que o HTML e automatizam o processo de criação de links entre as páginas. As ferramentas de wiki também guardam todo histórico de alterações de uma página e geram uma lista das alterações mais recentes.

Em alguns aspectos, os wikis retomam uma das idéias originais da Web. O primeiro navegador desenvolvido por Tim Berners-Lee também era um editor de páginas Web. O objetivo do cientista era justamente tornar a criação e edição de conteúdo tão simples quanto a navegação.

O exemplo mais conhecido de wiki é a Wikipédia, uma enciclopédia na Web que, no começo de 2008, tinha mais de 10 milhões de verbetes em 253 idiomas. O conteúdo é criado e mantido por voluntários do mundo todo. Qualquer usuário da Wikipédia pode alterar o conteúdo de suas páginas. A impressão inicial de que essa abertura é uma temeridade e garantia de conteúdo infestado de erros não se confirma. A explicação é simples: há muito mais gente querendo manter a qualidade das informações do site do que pessoas tentando alterar fatos ou incluir conteúdo errado de propósito. Como todas as revisões de uma página wiki ficam armazenadas, desfazer alterações maliciosas é simples.

MULTIMÍDIA

Blogs e wikis são formas efetivas de criar – individualmente ou de maneira colaborativa – e divulgar conteúdo textual. Mas o conteúdo da Web vai além dos textos. A diminuição do preço de câmeras e filmadoras de vídeo digitais e a popularização dos links de banda larga tornou viável a publicação de conteúdo multimídia (fotos, áudio e vídeo) na Web.

Os *podcasts* são o formato mais comum para compartilhar conteúdo em áudio pela Internet. São organizados de maneira semelhante a um blog, mas os posts são arquivos de áudio que podem ser transferidos e ouvidos no computador ou num tocador portátil de MP3. Como nos blogs, a forma mais fácil de saber quando há episódios novos em um podcast é usar um agregador de feeds. O termo *podcast* é uma referência ao iPod, *player* portátil da Apple, e a palavra "*broadcast*" (transmissão de conteúdo). Podcasts que usem vídeo além do áudio podem ser chamados de "videocasts", "vlogs" ou "videoblogs".

Já os álbuns de fotos tradicionais deram espaço a serviços como o Flickr. Além de hospedar fotos, o site permite publicá-las em blogs, associar comentários e dar notas às imagens. Isso, aliado à informação de quantas vezes uma foto foi vista, gera novas formas de descobrir conteúdo. Os usuários podem navegar pelas imagens mais vistas, mais votadas, com mais comentários etc. Assim como em redes sociais, como o Orkut, o Flickr permite aos usuários adicionar "amigos" e navegar nas imagens de suas listas de contatos.

Outro recurso interessante é a identificação das coordenadas geográficas do local onde uma foto foi tirada. A informação – que pode ser obtida automaticamente em algumas câmeras e telefones celulares ou preenchida manualmente pelo usuário – permite navegar pelas imagens usando mapas clicáveis.

O YouTube, serviço de compartilhamento de vídeo, funciona de maneira muito parecida com o Flickr, mas opera com arquivos de vídeo, em vez de fotos.

Em vários desses serviços é possível enviar conteúdo sem precisar usar o computador. Fotos e vídeos podem ir direto da câmera do celular para Web. Essa forma de compartilhar conteúdo ganhou notoriedade durante os atentados de Londres em 2005. Pessoas perto das áreas atingidas pelas bombas enviaram imagens e clipes de vídeo pelos telefones celulares e parte desse material acabou circulando o mundo por meio das agências e sites de notícias.

FOLKSONOMIA

O Flickr foi um dos sites pioneiros no uso de *tags* (etiquetas) para classificação de conteúdo. As tags, termos associadas a uma imagem hospedada no serviço, ajudam a organizar o conteúdo de maneira mais flexível do que usando álbuns e categorias e também servem como forma de reunir imagens relacionadas de vários usuários.

Se os participantes de um evento, por exemplo, combinam de subir suas fotos no Flickr e identificá-las com uma determinada tag, fica fácil para qualquer um navegar em todas as imagens daquele evento. Essa forma de identificação do conteúdo é conhecida como "folksonomia", fazendo analogia a "taxonomia" – termo de origem grega para "ciência de classificar" – e referência ao caráter informal do método – *folk* em inglês é termo coloquial para "pessoa" (*folks* é "gente, pessoal").

As tags são uma forma de classificação intuitiva e desestruturada, que reflete uma tendência na nova geração de sites: o abandono gradual de metáforas e formas de organização ligadas ao espaço físico (como diretórios e pastas, por exemplo). As novas formas de classificação são mais fluidas e não-metafóricas, pois as pessoas já têm referenciais de como funciona um site e não precisam de equivalentes concretos. Elas exploram melhor o fato de o conteúdo digital poder estar em mais de um "lugar" e ser organizado de várias formas simultaneamente.

Um formato bastante comum de apresentar as tags é conhecido como "nuvem de tags" (*tag cloud*). As tags são organizadas em um bloco de texto e o tamanho do corpo de cada palavra é usado para indicar a popularidade daquela tag. Quanto mais usuários ou mais conteúdo estão associados a uma tag, maior o corpo.

O uso de tags se tornou comum também nos blogs, em vários outros sites de compartilhamento de conteúdo e até mesmo no webmail do Google, o Gmail, que usa tags para organizar as mensagens no lugar de pastas.

BOOKMARKS SOCIAIS

Os serviços de *bookmarks* ("favoritos") sociais possibilitam a seus usuários reunir e organizar links para conteúdo na Web. Servem tanto para armazenar endereços de páginas que se pode querer ver mais tarde quanto para dividir descobertas com outros membros do serviço.

Um dos primeiros serviços desse tipo foi o del.icio.us. O funcionamento básico é parecido com o recurso de "favoritos" dos browsers. Você instala um botão especial (chamado *bookmarklet*) em seu navegador e sempre que quiser armazenar o link de uma página para ver depois, você clica no botão. O endereço e, opcionalmente, uma descrição do conteúdo ficam guardados em seu perfil do del.icio.us e podem ser acessados de qualquer computador.

Pode-se compartilhar todos ou alguns desses endereços com quem se quiser. O del.icio.us também permite associar tags aos endereços gravados e navegar pelas tags e listas de bookmarks de outros usuários.

Em outros sites, como o Digg, é possível votar nos links enviados pelos outros usuários. Se um endereço é bem votado, ele aparece na página inicial do serviço, o que é praticamente uma garantia de que a página será muito visitada.

Alguns sites e blogs até incluem em suas páginas botões que facilitam a inclusão e votação dos endereços em serviços desse tipo, como forma de dar mais visibilidade ao conteúdo. Acompanhar os endereços que são incluídos ou votados por um número grande de usuários é uma excelente forma de ficar por dentro das novidades da Web.

WEB 2.0

As mudanças trazidas pelos blogs, wikis e as novas formas de produção colaborativa e compartilhamento de conteúdo fizeram com que algumas pessoas enxergassem uma nova fase da Web.

Em 2005 Tim O'Reilly, fundador da O'Reilly Media – editora especializada em livros sobre tecnologia –, publicou um artigo intitulado "What Is Web 2.0" (O Que É Web 2.0) em que compara as práticas de alguns dos primeiros serviços da Web e dos serviços cuja popularidade se mostrava em ascensão. O'Reilly chamou de "Web 2.0" o conjunto dos preceitos e tendências por trás dessas novas práticas.

Entre as práticas observadas por O'Reilly em quase todos os serviços bem-sucedidos está a construção de aplicações que permitem a participação dos usuários e aproveitam-se dos efeitos de rede e da inteligência coletiva. O'Reilly lembra que, nesse sentido, a Web 2.0 se aproxima muito da visão original de Tim Berners-Lee para a Web.

O conceito de "efeito de rede" foi popularizado por Robert Metcalfe ao se referir a redes de telecomunicações. Segundo ele, o valor de uma rede de telecomunicações é proporcional ao quadrado do número de usuários do sistema. Essa idéia ficou conhecida como "Lei de Metcalfe".[5]

Usado de maneira menos formal, a idéia pode explicar efeitos semelhantes observados nos blogs, em redes sociais como o Orkut, em iniciativas de criação de conteúdo de maneira colaborativa como a Wikipédia e em serviços de compartilhamento de conteúdo como YouTube e Flickr.

Quanto mais pessoas usam a Wikipédia, por exemplo, maior a chance de existirem usuários dispostos a colaborar escrevendo e editando verbetes, o que aumenta a quantidade e qualidade do conteúdo. O conteúdo diverso e de boa qualidade atrai mais pessoas para o site, que por sua vez podem se tornar colaboradoras e, com isso, realimentar o processo.

As tendências resumidas na "Web 2.0" não passaram despercebidas pelas empresas. Muitas organizações tentam entender e já começam a usar internamente ferramentas como wikis e blogs com objetivo de aproveitar a inteligência coletiva de seus funcionários e colaboradores. E, externamente, buscam formas de se comunicar mais abertamente com um cliente cada vez mais informado, ativo e vocal.

---

[5] A expressão "Lei de Metcalfe" foi criada por George Gilder, colega de Metcalfe, em uma série de artigos publicados no começo dos anos 90, que depois foram reunidos no livro *Telecosm: How Infinite Bandwidth Will Revolutionize Our World* (Nova York: Free Press, 2000); p. 73.

4. A INTERNET NO BRASIL

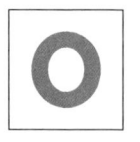

Os primeiros acessos à Internet no Brasil aconteceram no Laboratório Nacional de Computação Científica (LNCC, Rio de Janeiro) e na Fundação de Amparo à Pesquisa do Estado de São Paulo (Fapesp), em 1988. Ainda não eram conexões diretas a computadores ligados à rede, mas à Bitnet, uma rede que trocava e-mails via Internet.

Em 1989 é criada a Rede Nacional de Pesquisa (RNP), órgão acadêmico que se destinava a integrar as universidades brasileiras numa rede, ainda sem conexão com a Internet.

No mesmo ano, o Instituto Brasileiro de Análises Sociais e Econômicas (Ibase), uma ONG do Rio de Janeiro fundada pelo sociólogo Herbert de Souza, o Betinho, tomava uma iniciativa pioneira: com recursos precários, colocou no ar o BBS Alternex (de "Nexo Alternativo"), primeiro serviço de troca de e-mails e grupos de discussão conectado à Internet fora do ambiente acadêmico. "O 18 de julho de 1989 foi o dia em que nasceu a Internet brasileira, com a inauguração do Alternex", diz Carlos Afonso, responsável pela iniciativa e hoje diretor de desenvolvimento da ONG Rits (Rede de Informações para o Terceiro Setor). "Sem o apoio do PNUD (Programa das Nações Unidas para o Desenvolvimento) e de Tadao Takahashi, da RNP, no entanto, nada teríamos conseguido."[6]

No começo de 1991 é estabelecida a primeira conexão real à Internet no Brasil, através da Fapesp, que começou também a administrar o domínio ".br".

Em 1992 os domínios da RNP já se estendiam por 11 capitais brasileiras. Nesse mesmo ano, o Ibase conseguiu apoio da ONU, da APC, da RNP e da Rede Rio para montar um sistema de informação eletrônica que acompanharia a ECO-92. O sistema foi usado por centenas de pesquisadores, participantes da conferência e ONGs para acompanhar o desenrolar das negociações.

Foi uma experiência mundialmente pioneira de uso da Internet para divulgação de notícias e informações. O Ibase é um dos fundadores da já citada APC (*Association for Progressive Communications*), organização internacional que continua a ligar ONGs e entidades da sociedade civil no mundo inteiro, através de iniciativas semelhantes.

Durante alguns anos, o Alternex foi a única opção de acesso à Internet fora das universidades e institutos de pesquisa – o que muito incomodou a Telebrás, que chegou a pedir o fechamento do serviço em 1997. Segundo Carlos Afonso, volta e meia o circuito da Rede Nacional de Pacotes (Renpac, antigo serviço de comunicação de dados da Embratel), do Alternex, ficava interrompido durante semanas. "Betinho tinha de

---

[6] Depoimento a Maria Ercília.

recorrer a algum ministro ou deputado ou ao presidente da Embratel para que a linha voltasse a funcionar", lembra Carlos Afonso.[7]

Em 1994 entraram em funcionamento os primeiros servidores Web do Brasil. Entre eles, o servidor do Laboratório de Sistemas Integráveis (LSI) da USP, o da Universidade Federal do Rio de Janeiro e o da Escola do Futuro (USP).

Vários BBS brasileiros já começavam a oferecer correio eletrônico na Internet e redes de e-mail, como a FidoNet. Em julho de 1994, a *Folha de S. Paulo* publica uma reportagem especial no caderno "Mais!" sobre a Internet. É ainda nesse ano que alguns estudantes e pesquisadores brasileiros começam a fazer páginas pessoais na Web. No fim de 1994, o *Jornal do Brasil* publica uma lista de algumas dezenas de sites brasileiros.

Enquanto isso, uma disputa pelo controle da Internet comercial é travada nos bastidores, entre o Ministério da Ciência e Tecnologia e o Ministério das Comunicações. A Embratel pretendia ter o monopólio da Internet no Brasil.

Em dezembro é divulgada uma nota conjunta dos dois ministérios, afirmando que Embratel e RNP juntas criariam a infra-estrutura para a Internet no Brasil. Ainda em dezembro, a Embratel lança um serviço de provimento de acesso comercial, em caráter de teste.

No fim de 1995 já haviam surgido mais de 20 provedores comerciais no Brasil; o número estimado de usuários era de 120 mil pessoas. Em meados daquele ano, uma declaração pública do Ministério das Comunicações enterrou definitivamente as pretensões da Embratel ao monopólio no serviço de Internet comercial.

---

[7] Idem.

INTERNET EM TODA PARTE

Se 1995 foi o ano em que a Internet saiu da redoma das universidades no Brasil, em 1996 estrearam os grandes provedores. Em abril, o Universo Online, empresa do Grupo Folha, inaugurou seu site, e o Grupo Abril lançou o serviço Brasil Online. Em outubro o UOL se fundiu ao Brasil Online, permanecendo com o nome de Universo Online. Pouco depois, o grupo RBS (do Rio Grande do Sul) lançava o ZAZ, que hoje se chama Terra e pertence à Telefônica.

Por todo o país, produtoras de sites e provedores começavam a se movimentar. Gilberto Gil lançou a música "Pela Internet" em seu site – foi o primeiro lançamento importante de música pela Internet no Brasil.

Em 1997, estréia a entrega de Imposto de Renda via Internet – 26% dos declarantes optam por ela.

A marca de 2 milhões de usuários de Internet é atingida em 1998, de acordo com pesquisa realizada pelo Instituto Datafolha. Segundo reportagem da *Folha de S.Paulo*, o mercado de empresas de Internet e relacionadas já movimentava R$ 2 bilhões naquele ano.

O ano de 1999 encontra o país tomado pela febre da Internet. O capital internacional começa a prestar atenção ao mercado brasileiro. A America Online inaugura seu serviço de acesso no país. O UOL Inc. lança o Brasil Online, que oferece e-mail grátis, busca e outros serviços.

A empresa norte-americana Starmedia adquire o site de busca Cadê?. A Booknet, livraria online pioneira, é vendida para o GP Investimentos. Estréia também, discretamente, o Yahoo! Brasil.

A Internet está em toda parte: outdoors, campanhas de TV, revistas e jornais. O Brasil já é o sexto país do mundo em número de usuários de Internet. Estréiam sites de leilões, portais verticais e filiais de multinacionais num ritmo muito veloz.

O ano 2000 começou com o *boom* do acesso grátis no Brasil: 11 provedores anunciaram operações apenas entre os meses de janeiro e fevereiro. Um ano e meio depois, quase todos fecharam as portas. Mas acabaram sendo um canal de entrada para muitos usuários, que migraram depois para os provedores pagos, ajudando a difundir a Internet no país.

Ainda em 2000, cerca de 10% dos investimentos estrangeiros diretos no Brasil no setor de serviços estavam sendo direcionados para as empresas ligadas à Internet. Isso representou US$ 471 milhões nos primeiros quatro meses do ano, praticamente só US$ 100 milhões a menos do que o que foi aplicado em instituições financeiras.[8] Os provedores de acesso à Internet no Brasil estavam entre os segmentos que atraíam mais capital externo para o país naquele momento.

Entre 2000 e 2007, o número de brasileiros conectados cresceu de 5 milhões para 42,6 milhões, segundo a União Internacional de Telecomunicações (UIT). Isso representa 22,8% da população do país. No mesmo período, o número de *hosts* brasileiros na Internet foi de 446 mil para 10,151 milhões (dados da Network Wizards).

Os dois pré-requisitos mais comuns para acesso à Internet – computador e linha telefônica ou conexão de banda larga – se tornaram acessíveis a uma fatia cada vez maior da população.

50 MILHÕES DE COMPUTADORES

Um estudo da Fundação Getúlio Vargas (FGV) feito pelo pesquisador Fernando Meirelles aponta que, em

---

[8] *Gazeta Mercantil*, 17/5/2000.

2007, a venda de computadores no Brasil pela primeira vez ultrapassou a de televisores. No ano, foram vendidos 10,5 milhões de computadores contra 10 milhões de TVs.

Segundo o pesquisador, o Brasil atingiu 50 milhões de computadores em uso, tanto em ambientes domésticos quanto comerciais e a previsão é que esse número chegue a 100 milhões entre 2011 e 2012.

A banda larga é a forma de acesso mais comum na residência dos internautas brasileiros. 50% das conexões são de alta velocidade, contra 42% de acessos discados (TIC Domicílios 2007). Até 2006, o acesso discado era mais numeroso.

Mesmo quem não tem computador em casa ou no trabalho não deixa de acessar a Internet. Em 2007, o local mais usado para acessar a Internet foram as LAN houses. 49% dos brasileiros que acessaram a Internet usou esse tipo de estabelecimento. O acesso a partir de casa foi feito por 40% dos usuários e 24% usou a Internet do local de trabalho. Os números – da Pesquisa TIC Domicílios 2007 – ultrapassam 100% por causa dos usuários que fazem acessos a partir de mais de um local.

Atualmente, o Brasil ocupa a 6ª posição no mundo em número de internautas, mas é recordista em tempo de navegação. Durante o mês de abril de 2008 o brasileiro navegou em média 22 horas e 47 minutos. O dado, do Ibope/NetRatings, só considera os acessos residenciais à rede.

Esse não é o único recorde dos brasileiros na rede. Desde julho de 2007, o Brasil tem a maior comunidade de usuários do Windows Live Messenger – comunicador instantâneo da Microsoft – no mundo. Na época, segundo a empresa, o número de brasileiros cadastrados no comunicador era de 30,5 milhões, o equivalente a 11,4% dos usuários em todo mundo.

Um fenômeno difícil de explicar é a atração dos brasileiros pelas redes sociais, em especial o Orkut, do Google. O site, lançado no início de 2004, virou um sucesso praticamente instantâneo no Brasil.

A exigência de ser convidado por outro participante para poder se cadastrar no site, a interface apenas em inglês, além da lentidão e falhas no início do serviço, não diminuíram a velocidade com que os brasileiros adotaram o Orkut como forma de se comunicar e se relacionar. Em junho daquele ano, o número de usuários cadastrados como brasileiros ultrapassou o número de americanos. Poucas semanas depois, metade dos usuários do site era do Brasil.

Ao mesmo tempo que crescia a quantidade de brasileiros no Orkut, um lado mais sombrio do serviço se revelava e crescia também o número de denúncias de uso do site para apologia ao uso de drogas, racismo e circulação de imagens de pedofilia. Em abril de 2008, o presidente do Google no Brasil chegou a ser ouvido sobre o assunto pelo Congresso Nacional, na CPI da Pedofilia.

Poucos meses depois o Google anunciou a transferência do controle do Orkut de sua equipe na Califórnia (EUA) para o Brasil. O escritório da empresa em Belo Horizonte passa a ser responsável pela gestão, estratégia e melhorias do serviço. E dividirá com a equipe do Google na Índia – país que detém o segundo lugar em número de usuários de site – as tarefas de desenvolvimento.

Algumas atividades já viraram rotina para os brasileiros na Internet. A entrega online da declaração de Imposto de Renda começou em 1997. Foram entregues 700 mil declarações naquele ano. Em 2008 a Receita Federal recebeu 23,9 milhões de declarações pela Internet, de um total de 24,2 milhões.

SERVIÇOS PÚBLICOS E BANCÁRIOS

Um número crescente de órgãos públicos oferece informações e serviços pela Internet. No site do Supremo Tribunal Federal é possível acompanhar processos online ou por e-mail.

No Instituto Nacional de Propriedade Intelectual (INPI), é possível pesquisar marcas e patentes online. Polícias de alguns Estados aceitam registro de ocorrências pela Internet. Em outros, é possível pagar IPTU, verificar multas de trânsito ou pedir reparos de eletricidade e esgotos pela Internet.

Os governos federal e de vários Estados também usam a rede como aliada nas licitações. Em 2007, cerca de 50% das compras realizadas pelo Executivo foram feitas por meio de pregão eletrônico, o que economizou aos cofres públicos cerca de R$ 3 bilhões, segundo o Ministério do Planejamento.

No que diz respeito à transparência e publicidade dos atos do governo, o Brasil ainda engatinha quando comparado a outros países. Mas já tem iniciativas de uso da Internet como forma de prestação de contas. Algumas leis – federais, estaduais e municipais – prevêem a publicação na Internet de informações que permitem aos cidadãos acompanhar o uso de dinheiro público.

Uma lei municipal de São Paulo, de 2008, obriga a publicação na Internet das relações de servidores da prefeitura, Câmara Municipal, empresas públicas e autarquias e do TCM (Tribunal de Contas do Município). A divulgação é vista como uma forma de inibir o nepotismo na contratação de servidores pelo município.

Os bancos brasileiros são exemplos no mundo no que diz respeito ao *internet banking*, a realização de transações bancárias pela rede. Bill Gates, um dos fundadores da Microsoft, incluiu o caso do Bradesco (o primeiro banco online do Brasil e o quinto do mundo) em seu livro *A Empresa na Velocidade do Pensamento*.[9]

Dados da Febraban (Federação Brasileira de Bancos) indicam que o número de usuários de *internet banking* chegou a 29,8 milhões em 2007. Desse total, 25,3 milhões são correntistas pessoas físicas e 4,5 milhões são pessoas jurídicas.

No final de 2007, as operadoras de telefonia celular começaram a oferecer serviços de banda larga sem fio. As áreas de cobertura ainda são limitadas e, em regiões onde haja grande concentração de pessoas usando a rede, a conexão se torna instável e a velocidade de navegação fica muito abaixo do limite máximo prometido pelos serviços.

Ou seja: já dá para sentir o gostinho de navegar e ler e-mails em trânsito, de qualquer lugar, mas abandonar a banda larga tradicional ainda não é uma opção atraente.

---

[9] São Paulo: Companhia das Letras, 1999.

5. O QUE SE PODE FAZER NA INTERNET

Hoje em dia é bastante simples e não muito dispendioso obter uma conexão à Internet no Brasil. As duas formas mais comuns de conexão são o acesso discado e a banda larga.

Os provedores de acesso discado podem ser pagos ou gratuitos. Os provedores pagos, além da conexão, costumam oferecer acesso a conteúdos exclusivos, caixas postais com capacidade para uma grande quantidade de e-mails e suporte de qualidade, além de outros serviços, como hospedagem de sites, álbuns de fotos e blogs. É preciso ter um modem instalado no computador e uma linha telefônica para usar conexão discada. Mesmo no caso dos provedores gratuitos, convém verificar com a operadora da linha telefônica as tarifas que se aplicam durante o acesso.

Os serviços de banda larga, quase sempre pagos, não ocupam a linha do telefone durante o acesso e permitem velocidades bem maiores que as conexões discadas. Normalmente são oferecidos pelas empresas de telefonia fixa e operadoras de TV a cabo. As conexões de banda larga pelo celular também estão se tornando bastante comuns. Outra modalidade de banda larga usa pontos de acesso (*access points*) de redes sem fio *Wi-Fi* (ver "Glossário") em locais de grande movimento como shopping centers, hotéis e aeroportos.

A tecnologia usada em cada um desses casos é diferente. O equipamento necessário também varia. Para encontrar o melhor serviço é preciso informar-se sobre quais estão disponíveis em cada localidade e quais são mais adequados às necessidades específicas de cada um.

Uma vez conectado, aonde ir? Que sites visitar, que serviços usar?

COMUNICANDO-SE: E-MAIL, COMUNICADORES INSTANTÂNEOS, TELEFONIA PELA INTERNET, BATE-PAPO

A Internet oferece várias formas de se comunicar com outras pessoas. De modo geral, todas são bastante fáceis de usar e gratuitas ou pouco dispendiosas. A distância física não é um fator. Falar com um vizinho ou com alguém em outro país ou continente funciona basicamente do mesmo jeito.

E-mail
O e-mail, ou correio eletrônico, ainda é a aplicação mais popular da Internet. Para enviar e receber e-mails, deve-se usar um programa de correio eletrônico. Os mais comuns são o Microsoft Outlook Express (para Windows),

o Apple Mail (para Mac OS X) e o Mozilla Thunderbird (para Windows, Mac OS X e Linux). Os dois primeiros normalmente já vêm instalados com o sistema operacional. O Thunderbird pode ser baixado pela Web.

Uma alternativa aos programas de correio eletrônico são os serviços de webmail: sites que oferecem acesso às mensagens direto pelo navegador, sem necessidade de instalar um programa. Vários desses serviços são gratuitos e permitem que você tenha um endereço de e-mail mesmo sem ter assinatura num provedor de acesso. O Hotmail, o Gmail (do Google) e o BOL são serviços desse tipo bastante usados. Se você não tiver computador próprio, o webmail é o recurso ideal, pois guarda todos os seus e-mails protegidos por uma senha, e eles podem ser lidos de qualquer computador. Você pode, por exemplo, ler uma mensagem em casa e depois ter acesso novamente a ela da faculdade ou do trabalho.

Os endereços de correio eletrônico obedecem a uma estrutura fixa. Veja este endereço, por exemplo: miguel@provedor.com.br

miguel: nome ou apelido escolhido pelo usuário;
@: símbolo que no e-mail significa "em" (*at*, em inglês). Convenção adotada para indicar que a caixa de mensagens está localizada em determinado computador ou provedor;
provedor: nome do provedor, instituição ou serviço responsável pelo sistema de e-mail. Exemplos: bol, hotmail, gmail;
com: informa que se trata de um endereço comercial (ver *domínio* no Glossário);
br: indica um endereço de e-mail brasileiro.

Os programas de e-mail permitem criar e consultar instantaneamente listas de endereços, o que facilita bastante sua correspondência.

Também se pode usar o e-mail para assinar listas de discussão. Existem listas sobre todo tipo de hobby, profissão ou campo de estudos. Depois de descobrir uma lista de interesse (por indicação de conhecidos ou por meio de uma busca na Web), envia-se um e-mail para um endereço, para ser incluído nela. Algumas listas possuem uma página na Web com essa mesma finalidade. Todos os e-mails enviados por um assinante ao endereço da lista são repassados automaticamente aos outros membros.

Muitas empresas usam e-mail para enviar propaganda não-solicitada a todos os endereços que conseguem coletar. Essa espécie de mala direta recebeu o apelido de *spam* (a palavra vem do nome de uma presuntada em lata vendida nos Estados Unidos). É comum também que circulem e-mails com correntes, pirâmides e falsas ofertas de emprego, que podem acabar chegando à caixa postal de qualquer um.

Alguns vírus de computador se espalham usando o correio eletrônico. Ao receber uma mensagem com um assunto estranho, mesmo que seja de um endereço conhecido, convém ter cuidado. Na dúvida, é prudente confirmar se aquela pessoa realmente enviou a mensagem. E nunca se deve abrir anexos (arquivos enviados junto com o e-mail) de mensagens suspeitas.

Enviar e-mails é tão fácil e rápido que muita gente esquece que eles podem ficar armazenados durante anos. Antes de mandar um e-mail, convém pensar bem sobre seu conteúdo. É conveniente também manter a correspondência pessoal separada da profissional, em endereços diferentes.

Comunicadores Instantâneos

O princípio dos comunicadores instantâneos é simples de entender. Você se cadastra em um dos sistemas existentes, baixa e instala um programa e cria uma lista de contatos – usando normalmente um endereço de e-mail para identificá-los. O programa então permite ver que contatos estão online naquele momento. Basta escolher um contato para trocar mensagens de texto que são enviadas e recebidas instantaneamente pelos computadores.

Mas os comunicadores instantâneos atuais vão além da simples troca de mensagens. O sistema mais popular do gênero no Brasil, o Windows Live Messenger, da Microsoft (conhecido anteriormente como MSN Messenger ou simplesmente Messenger), permite também o envio de imagens e arquivos, bate-papo por voz e vídeo (usando uma *webcam*) e o envio de mensagens de texto para o telefone celular dos contatos que não estejam online naquela hora.

Outros sistemas bastante usados são o AIM (AOL Instant Messenger), o Yahoo! Messenger e o Google Talk. Antes desses, a rede de mensagens instantâneas mais popular foi a do ICQ, desenvolvido pela Mirabilis, empresa israelense comprada pela AOL em 1998.

Ao contrário do e-mail, que permite trocar mensagens com qualquer outro usuário na Internet, só é possível trocar mensagens instantâneas com as pessoas que estiverem usando o mesmo sistema. Enquanto as iniciativas de unificar essas redes não avançam, é possível usar programas como o Trillian (para Windows) e Adium (para Mac OS X), que acessam os vários sistemas simultaneamente. Porém ainda é preciso se cadastrar em cada um deles de forma separada.

Vários comunicadores instantâneos possuem versões que podem ser acessadas direto pelo browser, de modo parecido com o webmail. Esse tipo de sistema vem a calhar, por exemplo, no caso de empresas que não permitem a instalação de programas nos computadores dos funcionários.

Telefonia pela Internet

Com os recursos de voz dos comunicadores instantâneos é possível falar com outras pessoas usando o computador. Outra categoria de serviço, conhecida como VoIP (*Voice over IP*, "Voz sobre IP") permite fazer ligações para números de telefone convencionais.

Geralmente os provedores desse tipo de serviço vendem créditos para ligações a um custo bem inferior ao das tarifas de longa distância das operadoras de telefonia. O Skype é provavelmente o provedor de VoIP mais conhecido. As conversas usando mensagens instantâneas e por voz entre usuários do sistema são gratuitas. Para ligar para um telefone é preciso comprar créditos usando um cartão de crédito internacional.

O usuário também pode assinar um número de telefone em vários lugares do mundo e atender as ligações que chegarem a esse número pelo programa. Ligações não atendidas podem ser redirecionadas para um sistema de correio de voz, semelhante a uma secretária eletrônica.

Os maiores provedores de acesso e de banda larga costumam vender pacotes incluindo serviços de VoIP. Em alguns casos, eles fornecem um equipamento que possibilita a conexão de um aparelho de telefone normal à rede de banda larga. Com isso, é possível fazer e receber ligações sem que o computador esteja ligado.

Dependendo da velocidade da conexão, a qualidade do som pode se aproximar bastante da qualidade de uma ligação telefônica normal. Em uma conexão mais lenta ou que esteja sendo usada por várias pessoas, podem ocorrer chiados e interrupções.

Bate-papo

Os bate-papos da Internet já são um fenômeno social – ao redor do mundo, 24 horas por dia, milhões de pessoas se conhecem, fazem amigos, namoram, brigam e fazem as pazes, cada uma em seu canto, diante de seus computadores. Quase todo mundo tem um amigo ou conhecido ou ouviu falar de alguém que se casou com uma pessoa conhecida pelo bate-papo.

As "salas" ou "canais" de bate-papo geralmente são organizados por tema, idade ou localização geográfica. Para participar, a pessoa deve escolher um apelido – pode ser o próprio nome — mas normalmente se escolhe algo diferente. Embora haja gente de todas as idades nos bate-papos, a maior parte dos freqüentadores é de adolescentes e jovens. Algumas salas de bate-papo se destinam à troca de informações, mas a finalidade da maioria é diversão pura e simples.

Os dois tipos mais comuns são os bate-papos na Web, que podem ser encontrados em vários sites e portais, e o IRC.

Os bate-papos na Web são extremamente populares no Brasil e muito simples de usar. Todos os grandes portais brasileiros têm salas de bate-papo. Basta localizar a entrada para o bate-papo no menu, escolher o apelido e sair teclando.

Os portais organizam bate-papos com gente famosa praticamente todos os dias. O público entra na "sala" e faz perguntas para cantores, atores e outras personalidades, em entrevistas que têm geralmente uma hora de duração. Alguns portais mantêm bate-papos semanais com médicos, psicólogos e outros profissionais, e os visitantes podem pedir opiniões e tirar dúvidas.

O IRC (*Internet Relay Chat*) é o tipo de bate-papo mais antigo da Internet. Foi criado em 1988 por um programador finlandês chamado Jarkko Oikarinen. Ele tem algumas vantagens sobre o bate-papo na Web: é bem mais rápido e permite o acesso a milhares de salas ao mesmo tempo. Além disso, é mundial – pode-se encontrar gente de vários países a qualquer hora do dia ou da noite.

Por outro lado, freqüentar o IRC dá um pouco mais de trabalho: é preciso copiar um programa que acesse seus servidores (um dos mais populares é o mIRC, para Windows), instalá-lo no computador e aprender a usá-lo. Existem vários canais brasileiros nos servidores de IRC.

REDES SOCIAIS

As redes sociais se tornaram extremamente populares e estão entre os sites mais acessados no mundo. Viraram a forma mais fácil de se comunicar e se relacionar online com outras pessoas.

A dinâmica das redes sociais não costuma variar muito de um site para outro. Cada usuário cria um perfil com informações que podem ser vistas pelos outros participantes e convida parentes, colegas de trabalho ou da escola para se tornarem "amigos". É possível navegar nas listas de amigos dos amigos e assim descobrir mais pessoas que podem ser adicionadas – um bom jeito de reencontrar gente com a qual se perdeu contato, assim como de conhecer gente nova.

Os participantes podem trocar mensagens de maneira privada, cujo funcionamento é parecido com o do e-mail, e podem enviar mensagens abertas, que qualquer um pode ler, para o mural de recados dos outros usuários. No Orkut essas mensagens são conhecidas como *scraps*.

Uma das formas de conhecer pessoas nas redes sociais é se juntar aos grupos ou comunidades de usuários. As comunidades costumam ser criadas em torno de temas relacionados a uma escola, uma empresa, um bairro, ou aos interesses específicos dos participantes. É nos fóruns de discussão das comunidades que os participantes trocam idéias, criam jogos e brincadeiras e organizam encontros ao vivo. É comum também montar álbuns de fotos e compartilhar vídeos.

O Orkut é indiscutivelmente a rede social mais usada pelos brasileiros. Fora do Brasil, outras redes sociais também fazem sucesso, como o Facebook e o MySpace. E existem sites desse tipo com objetivos mais sérios. Um exemplo é o LinkedIn, cujo foco é reunir na Internet pessoas que trabalham ou já trabalharam juntas, ou que têm interesses profissionais em comum. É cada vez mais comum ouvir falar de gente que foi contratada para um trabalho por alguém conhecido por meio do site.

É bom ter consciência de que tudo que é publicado nas redes sociais pode ficar disponível na Internet durante muito tempo. Para não se arrepender mais tarde convém não divulgar informações muito pessoais ou publicar nos fóruns das comunidades mensagens que podem se mostrar constrangedoras no futuro.

INFORMANDO-SE

Todos os jornais e revistas mais conhecidos têm sites na Internet. Os endereços são geralmente publicados nas edições em papel, ou podem ser encontrados usando mecanismos de busca. Nos sites, pode-se consultar o conteúdo mais recente, o arquivo de edição antigo, ler material especial que não é publicado no papel e, em alguns casos, entrar em contato com os jornalistas e participar de bate-papos com convidados das publicações.

Da mesma forma, as emissoras de TV também têm sites – algumas apenas publicam sua grade de programação e outras informações; outras oferecem acervo de seus programas em vídeo e conteúdo exclusivo online.

Grandes portais como Yahoo!, UOL, Globo.com, Terra, iG e MSN têm áreas de conteúdo bem servidas: notícias, previsão do tempo, trânsito, esportes, indicadores financeiros e entretenimento. Geralmente também possuem áreas dedicadas a públicos específicos, como crianças e adolescentes. Acompanhar a *home page* dos portais durante o dia é uma boa forma de se manter informado e descobrir novidades na Web.

Outra opção para ficar bem informado são os blogs. Cerca de 120 mil deles são criados todos os dias, de acordo com a edição de 2007 do relatório "The State of the Blogosphere" (O Estado da Blogosfera) da Technorati. Boa parte acaba abandonado ou tem conteúdo de pouca relevância fora de um grupo pequeno de pessoas. Mas é praticamente certo que existam blogs com conteúdo atualizado e de boa qualidade tratando de assuntos de seu interesse, por mais específicos ou estranhos que sejam.

Os rankings de sites como Technorati e o brasileiro BlogBlogs, ajudam a descobrir os blogs mais populares e funcionam como bons pontos de partida. Como os blogs costumam publicar uma lista com recomendações de sites e blogs relacionados – conhecida como *blogroll* –, é só uma questão de navegar pelas recomendações e descobrir que conteúdo lhe agrada.

Entre as fontes de informação cada vez mais usadas no Brasil também estão a Wikipédia, enciclopédia online escrita e atualizada pelos próprios usuários, e o Yahoo! Respostas, site onde é possível enviar uma pergunta e eleger a melhor resposta entre as enviadas pelos outros participantes.

De modo geral, a qualidade do conteúdo dos blogs mais visitados, da Wikipédia e de sites como o Yahoo! Respostas é muito boa. Quando há algum problema, os próprios usuários se encarregam de corrigi-lo ou apontar o erro usando a área de comentários.

Mas ninguém pode confiar cegamente nas informações obtidas pela Web, especialmente de sites menos conhecidos. É importante exercitar o espírito crítico e cruzar as informações obtidas em mais de uma fonte.

Em pouco tempo, acham-se muitos sites e blogs com informações interessantes. Como visitar todos eles com freqüência para descobrir se há conteúdo novo tomaria tempo e daria muito trabalho, boa parte dos sites passou a oferecer um recurso conhecido como *feed* ou RSS.

Os feeds permitem reunir e consumir o conteúdo de vários sites de maneira muito mais eficiente. Todo o conteúdo aparece em um único lugar, em um software conhecido como agregador ou leitor de feeds. Existem agregadores Web, semelhantes a um sistema de webmail, como o Google Reader e o Bloglines e programas que podem ser instalados no computador, como o FeedDemon (para Windows) e NetNewsWire (para Mac OS X). Toda vez que um site for atualizado, o conteúdo irá aparecer automaticamente na lista de conteúdo do leitor de feeds.

Para que o agregador saiba quando há conteúdo novo nos sites, é preciso "assinar o feed", o que significa simplesmente informar ao programa o endereço do feed. Os sites que oferecem feeds costumam incluir esse endereço em um botão laranja característico. E os navegadores mais modernos são capazes de detectar os endereços dos feeds e enviá-los direto para seu agregador preferido.

MECANISMOS DE BUSCA

Você já tem sua conexão à Internet, sabe mandar e-mails, trocar mensagens instantâneas com os amigos e se manter informado pela Web. Mas há muito mais a ser explorado. Apesar de os números não serem revelados oficialmente, estima-se que os grandes mecanismos de busca, como os do Google, do Yahoo! e da MSN, indexem mais de 10 bilhões de páginas na Web.

Basta digitar uma ou mais palavras na caixa de busca de um desses serviços e, em questão de segundos, uma página de resultados é gerada. Na maior parte das vezes, os sites que aparecem no alto da lista são exatamente aqueles que se está procurando.

Se isso não acontecer, eis algumas dicas que funcionam nos mecanismos de busca mais usados:

- O comportamento padrão dos mecanismos de busca é procurar páginas que contenham todas as palavras que foram digitadas. Se aparecerem poucos resultados, deve-se eliminar uma ou mais palavras da pesquisa. Se, pelo contrário, aparecerem muitos resultados, cabe ser mais específico e incluir novos termos.
- Quando se quiser encontrar uma frase ou nome completo, ou uma seqüência de palavras em determinada ordem, o melhor é usar aspas. Por exemplo, se alguém escrever "Fernando Henrique Cardoso", vai garantir que só aparecerão páginas com esse nome completo e não todas as páginas com "Fernando", "Henrique" e "Cardoso" em qualquer ordem.
- Se uma das palavras buscadas tiver mais de um significado, pode-se tentar eliminar um dos significados usando o sinal de menos ("-"). Para procurar páginas sobre baterias (de energia) sem encontrar resultados referentes ao instrumento musical, por exemplo, pode-se digitar "bateria -música".

FAZENDO COMPRAS

Segundo a 18ª edição da pesquisa Web Shoppers, organizada pela e-bit com apoio da Câmara Brasileira de Comércio Eletrônico, nos seis primeiros meses de 2008, as lojas que vendem pela Internet no Brasil faturaram R$ 3,8 bilhões, o que representa um crescimento de 45% em relação ao mesmo período de 2007. A estimativa é que o faturamento total do ano chegue a R$ 8,5 bilhões. Cerca de 24% dos usuários de Internet no país fazem compras pela rede.

Os produtos mais vendidos são livros e assinaturas de jornais e revistas, que respondem por 17% das compras. Outras categorias de produtos bastante compradas pela Internet são os de informática – hardware e software – (12%) e eletrônicos (7%).

Serviços como o Buscapé ou o Shopping UOL permitem pesquisar produtos e comparar preços em várias lojas online ao mesmo tempo. Ajudam bastante na procura por boas ofertas.

Um grande obstáculo para o crescimento do comércio eletrônico é a preocupação dos consumidores com a segurança. Esse medo, porém, é infundado. Não existe nenhuma transação envolvendo dinheiro que seja 100% segura, seja ela virtual ou não; um número de cartão de crédito está tão – ou mais – sujeito a cópia em lojas físicas ou restaurantes quanto na Internet.

Outra preocupação comum é a credibilidade da loja virtual. Algumas pessoas temem não receber os produtos pagos ou terem problemas no caso de uma devolução. Para evitar lojas de reputação duvidosa, pode-se consultar os sites de comparação de preços. Nesses serviços as lojas virtuais listadas recebem notas dos compradores, que também podem deixar elogios ou reclamações sobre sua experiência de compra.

O Código de Defesa do Consumidor garante a quem compra produtos fora da loja – por Internet ou telefone – o direito ao arrependimento. Isso significa que o consumidor que mudar de idéia pode cancelar a compra e devolver o produto no prazo de sete dias, contados a partir do recebimento. Não é preciso nem mesmo apresentar motivo para o cancelamento.

É possível também achar bons negócios em sites como Mercado Livre e TodaOferta. Esses serviços intermediam compras e vendas de todo tipo de produtos entre seus usuários: tocadores de MP3, telefones celulares, roupas e CDs raros. A forma de negociação mais comum é a compra direta – semelhante a uma loja normal. Mas é possível fazer negócios usando um sistema de leilão, onde os usuários dão lances pelos produtos. Para evitar dores de cabeça, cabe verificar sempre se o vendedor tem qualificações positivas de pessoas que já negociaram com ele. E lembrar que muitos dos produtos são usados e podem não ter mais garantia; a economia deve compensar o risco.

OUVINDO MÚSICA

A Internet se tornou a forma mais prática de encontrar e ouvir música. Além das rádios tradicionais, que costumam transmitir sua programação regular simultaneamente pela rede, há milhares de rádios online com programações capazes de agradar praticamente a todos os gostos musicais.

Por exigência das gravadoras, as rádios na Internet geralmente não permitem que a música ouvida seja gravada no computador. Entre as rádios online mais populares estão Last.FM, Pandora e Live365. Todas permitem ouvir a programação diretamente pelo browser.

A Last.FM e a Pandora representam uma nova geração de rádios online que possuem recursos de personalização e recomendação. Conforme o usuário ouve e avalia as músicas o sistema recomenda novas canções. Outro bom lugar para encontrar músicas na Web é o MySpace. A rede social, apesar de ter bem menos adeptos no Brasil em comparação com o Orkut, é um dos meios favoritos de bandas alternativas ou iniciantes para divulgação de seus trabalhos.

Para gravar as músicas no computador de maneira legal, é preciso comprar as canções em lojas virtuais. A maior delas é a iTunes Store, da Apple, ainda não disponível no Brasil. Por aqui, existem alternativas como UOL Megastore e Sonora, do Terra.

Os arquivos comprados nas lojas virtuais costumam conter mecanismos que impedem a cópia ou uso em mais de um computador ou em tocadores portáteis, o que torna essa opção menos atraente. Nos EUA, esse cenário começa a mudar. A Amazon e a iTunes Store, por exemplo, já comercializam arquivos no formato MP3, que não possui controles de cópia.

O MP3 é o tipo de arquivo de áudio mais comum na Internet. É possível ouvir músicas nesse formato direto pelo navegador ou instalar programas como o Winamp (para Windows) ou iTunes (para Mac OS X e Windows). O iTunes também torna bem fácil a tarefa de transferir os arquivos de música para o iPod, tocador de música portátil da Apple.

Algumas empresas nos EUA – incluindo Amazon, Apple e Blockbuster – possuem serviços que permitem comprar e fazer download de filmes e episódios de seriados de TV, mas nenhum deles ainda têm grande adoção. E somente o serviço da Blockbuster está disponível no Brasil.

ASSISTINDO A VÍDEOS

O crescimento dos acessos de banda larga ajudou a popularizar os serviços de vídeo na Internet. O YouTube, que permite aos usuários assistir, enviar e compartilhar arquivos de vídeo, é um dos sites mais acessados da Web. Em 2006, a empresa que criou o serviço foi comprada pelo Google por US$ 1,65 bilhão.

No YouTube – e em serviços semelhantes – é possível encontrar todo tipo de vídeo: de videoclipes a comerciais antigos passando por gafes de programas de televisão ao vivo e produções independentes. Os usuários podem votar nos melhores vídeos e publicar comentários.

Se há alguns anos existiam vários formatos de vídeo na Internet e era preciso baixar e instalar programas diferentes para cada um dos formatos, atualmente só é preciso usar um browser que tenha o plugin do Flash, o que é o caso em quase 100% dos computadores.

Algumas empresas nos EUA – incluindo Amazon, Apple e Blockbuster – possuem serviços que permitem comprar e fazer download de filmes e episódios de seriados de TV, mas nenhum deles ainda tem grande adoção. E somente o serviço da Blockbuster está presente no Brasil.

PUBLICANDO PÁGINAS, FOTOS E VÍDEOS NA WEB

Há uma grande oferta de serviços que tornam fácil construir um site sem gastar nada e sem precisar conhecer HTML, a linguagem usada nas páginas na Web (ver "Glossário").

Atualmente, o formato mais comum de site pessoal são os blogs. Basta se cadastrar em serviços como o WordPress ou o Blogger, escolher um nome para o site e seguir as instruções. Você terá acesso a ferramentas que permitem publicar páginas de forma tão fácil quanto escrever em um editor de textos.

Pode-se habilitar o recurso de comentários nas páginas, como uma forma de se comunicar com os visitantes do site. Os sistemas de blogs também se encarregam de gerar feeds do conteúdo para facilitar a vida de quem quer acompanhar as novidades do site.

Se tudo que se quer é um lugar para compartilhar fotos com amigos e família, podem-se usar os recursos de álbum de fotos dos principais portais. São bem fáceis de usar. Só é necessário estar atento aos limites de tamanho e quantidade de imagens que é possível publicar. Dependendo do sistema, é possível limitar quem pode ver suas fotos.

Também é simples compartilhar vídeos na Web. O YouTube é o serviço mais conhecido do tipo. Novamente, só é necessário preencher um cadastro simples para poder enviar arquivos de vídeo. O sistema se encarrega de converter o arquivo para o formato mais adequado à visualização no navegador.

Criar um site profissional, com um endereço próprio, dá um pouco mais trabalho. Será preciso contratar um serviço de hospedagem e registrar um nome de domínio, pagando uma pequena taxa por ano.

6. OS PROFETAS DA INTERNET

O CÉREBRO ONIPRESENTE DE H.G. WELLS

Ele previu o homem na Lua, a fissão atômica e a emancipação da mulher, além de outras coisas que jamais se realizaram, como viagens no tempo. O que poucos sabem é que o escritor britânico H.G.Wells (1866-1946), autor de *Guerra dos Mundos* e *A Máquina do Tempo*, anteviu a Internet com uma precisão surpreendente em textos que publicou em 1938, no volume *World Brain: The Idea of a Permanent Encyclopedia* (Cérebro Mundial: a Idéia de Uma Enciclopédia Permanente).[10]

Wells acreditava que o microfilme poderia ser a mídia de arquivo do futuro. Ele descreve em *World Brain*, como o conhecimento humano poderia ser sin-

---
[10] H.G. Wells, *World Brain*. London: Methuen, 1938.

tetizado e interligado em fac-símiles microfilmados de todas as obras conhecidas. "Muitas pessoas estão reconhecendo que nossas enciclopédias contemporâneas ainda estão na fase da carruagem e dos cavalos, em vez daquela do automóvel e do avião. O empreendimento enciclopédico não acertou o passo com o progresso material. Esses observadores entendem que as facilidades modernas de transporte, rádio, reprodução fotográfica e assim por diante estão tornando praticável uma reunião de fatos e idéias muito mais sucinta e acessível do que jamais foi possível antes."

Embora o "Cérebro Mundial" nunca tenha se realizado exatamente da forma que Wells o visualizou, sua antecipação do que só começaria a se concretizar no final do século é impressionante:

> A reunião e a distribuição de conhecimento no mundo de hoje são extremamente ineficazes, e pensadores mais progressistas, cujas idéias neste momento consideramos, estão começando a se dar conta de que a linha de desenvolvimento mais produtiva para a nossa inteligência racial[11] está na direção da criação de um novo órgão mundial para o recolhimento, indexação, resumo e distribuição de conhecimento, em vez de continuarmos a lidar com o sistema altamente conservador e resistente das universidades locais, nacionais e tradicionais que já existem. Esses inovadores, que podem ser sonhadores hoje, mas que pretendem se tornar organizadores bastante ativos amanhã, projetam um órgão mundial unificado, se não centralizado, para

---

[11] Wells emprega "raça" no sentido antigo, de "raça humana", o que hoje chamamos "espécie".

"reunir a mente do mundo", que não será exatamente um rival das universidades, mas uma adição suplementar e coordenadora para suas atividades educacionais – numa escala planetária.

Ou ainda, em outro trecho:

Não há nenhum obstáculo prático à criação de um índice eficiente de todo o conhecimento, idéias e conquistas humanos, à criação de uma completa memória planetária para toda a humanidade. E não simplesmente um índice; a reprodução direta da coisa em si pode ser invocada em qualquer lugar apropriadamente preparado. Um microfilme, colorido quando necessário, ocupando uma polegada de espaço e pesando pouco mais do que uma carta, pode ser duplicado a partir de arquivos e mandado a qualquer lugar...
Isso é em si um fato de tremenda significação. Antecipa uma verdadeira unificação intelectual de nossa espécie. Toda a memória humana pode ser, e provavelmente num período muito curto será mesmo, acessível a qualquer indivíduo. E o que é também de grande importância neste mundo incerto, onde a destruição se torna continuamente mais freqüente e imprevisível, é isto: que a fotografia agora garante toda a facilidade para criar duplicatas deste – como podemos chamá-lo? – deste novo *cerebrum* totalmente feito pelo homem. Não é necessário que fique concentrado num único lugar. Não precisa ser vulnerável como uma cabeça humana ou um coração humano são vulneráveis. *Pode ser reproduzido, exata e completamente*, no Peru, na China, na Islândia, na África Central ou onde quer que se possa garantir segurança contra o perigo e a inter-

rupção. *Pode ter, ao mesmo tempo, a concentração de um animal craniado e a vitalidade difusa de uma ameba.*

O mundo se debruçava à beira de um abismo nunca visto na história – a Segunda Guerra Mundial – exatamente no momento em que Wells descrevia sua visão otimista, baseada em pequenas e frágeis lâminas de microfilme. Embora a harmonia proporcionada pela comunicação e pela transmissão de conhecimento com que ele sonhava jamais tenha chegado a existir, basta substituir a palavra "microfilme" por "computador" para vermos que o equipamento para o "cérebro mundial" afinal foi construído. O próprio texto de Wells pode ser reproduzido instantaneamente "no Peru, na China, na Islândia, na África Central" e em qualquer lugar do mundo, como ele havia imaginado.[12]

O JESUÍTA E A NOOSFERA

Uma complexa membrana de informação, que envolve o globo e alimenta a consciência humana. Essa era a visão de Pierre Teilhard de Chardin (1881-1955), um místico jesuíta francês que entre as décadas de 1920 e 1950 escreveu uma série de textos exaltados e poéticos sobre "a unidade viva de um tecido único" contendo os pensamentos e experiências da espécie humana. Paleontólogo, Chardin viveu algum tempo na China e esteve envolvido na descoberta do Homem de Pequim (um fóssil de ancestral do homem moderno, datando do

---

[12] Íntegra de *World Brain*: <https://sherlock.ischool.berkeley.edu/wells/world_brain.html>

Pleistoceno – 900 mil a 1,3 milhão de anos atrás –, identificado em 1927, próximo a Pequim). Conta ter tido, enquanto escavava ruínas no Egito, uma visão de que tudo estava relacionado numa teia de vida ao seu redor.

Com um pé na religião e outro na pesquisa científica, Teilhard de Chardin escreveu uma obra que é parte teoria, parte profissão de fé, e que quase provocou sua excomunhão. Na tentativa de casar ciência e religião, acabou desagradando a cientistas e padres. Para ele, a evolução já tinha avançado o que podia no aperfeiçoamento físico dos seres humanos, e sua seqüência lógica seria a evolução social, através da tecnologia, urbanização, comunicação etc.

Teilhard de Chardin cunhou – em 1925! – a palavra "noosfera" (do grego *noos*, mente) para nomear a teia de informação e conhecimento que vislumbrava.[13] O mundo teria primeiramente desenvolvido uma geosfera, depois uma biosfera, e o próximo estágio seria o da noosfera, que ele chamou de "circuito do pensamento", uma "estupenda máquina de pensar", um "envelope pensante" e uma "consciência planetária". Considerava que a evolução do pensamento humano obedecia a regras semelhantes às da evolução biológica.

Chardin acreditava que as forças da mente vinham criando pedaços da noosfera havia tempos, e que em algum momento esses pedaços se reuniriam num *continuum*. Ele relacionava a concretização desse fenômeno às comunicações – o que ele viu nos anos 50 foi o rádio e a TV – e antecipava o surgimento de "estonteantes computadores eletrônicos".

---

[13] Ver David Ronfeldt e John Arquilla, "From Cyberspace to the Noosphere: Emergence of The Global Mind". Em: *New Perspectives Quarterly* (Winter, 2000).

Teilhard de Chardin batizou de "energia tangencial" a centelha que anima todos os seres vivos. Para ele, essa energia tenderia a uma complexidade cada vez maior, até chegar à capacidade de reflexão e, portanto, de autoconhecimento. A mesma energia impulsionaria a formação da noosfera, uma rede de informação de complexidade também cada vez maior.

Embora rejeitado em sua época, ele inspiraria Marshall McLuhan, nos anos 60, e seus textos foram novamente retomados por teóricos de comunicação no começo da década de 1990.

Vale a pena ler alguns trechos de escritos de Teilhard de Chardin:

> Ninguém pode negar que uma rede (*uma rede mundial*) de filiações econômicas e psíquicas está sendo tecida numa velocidade que aumenta sempre, que abraça e constantemente penetra cada vez mais fundo em nós. A cada dia que passa, torna-se um pouco mais impossível para nós agir ou pensar de forma que não seja coletiva.
> [...] nós chegaremos ao princípio de uma nova era. A Terra "ganha uma nova pele". Melhor ainda, encontra sua alma.
> (*A Formação da Noosfera*, 1947)

> E aqui eu penso *naquelas estonteantes máquinas eletrônicas* (o ponto de partida e esperança da jovem ciência da cibernética), através das quais nossa capacidade mental de calcular e combinar é reforçada e multiplicada num grau que aponta para avanços estonteantes nessa direção, tanto quanto aqueles que a ciência ótica já produziu para o nosso poder de visão.
> (*O Lugar do Homem na Natureza*, 1950)

Teria sido fascinante reunir os dois contemporâneos: o místico francês com sua visão da noosfera e o escritor britânico com sua teoria do cérebro mundial. Melhor ainda teria sido trazer ao encontro um terceiro convidado mais jovem, contemporâneo dos dois: o engenheiro norte-americano que foi um dos principais responsáveis pela bomba atômica, mas que também sonhava com uma máquina que facilitaria a todos o acesso à soma do conhecimento humano: Vannevar Bush (1890-1974).

DA BOMBA ATÔMICA AO MEMEX

Vannevar Bush foi um dos principais personagens envolvidos na criação dos formidáveis laboratórios de pesquisa militar norte-americanos, gestados na Segunda Guerra e sustentados mais tarde pela Guerra Fria.

Nas décadas de 1920 e 1930, no Massachusetts Institute of Technology (MIT), participou da concepção e construção dos primeiros computadores analógicos (o computador analógico representava dados através de quantidades concretas, como, por exemplo, uma voltagem que podia variar, ao passo que o computador digital só permite dois níveis de voltagem, ligado e desligado, que representam os números binários 0 e 1).

Em 1922, Bush participou da fundação da manufatura de componentes eletrônicos Raytheon. Em 1939, sugeriu ao então presidente Roosevelt a criação de um Comitê de Pesquisa Para a Defesa Nacional, que foi oficializado no ano seguinte, com um grande orçamento. Uma das pesquisas dirigidas por Bush foi o Projeto Manhattan, que deu origem à bomba atômica. Dali sairia no futuro a Advanced Research Projects

Agency (Agência de Projetos Avançados de Pesquisa – que em 1969 colocaria em funcionamento a rede Arpanet, precursora da Internet).

Bush acabou por temer a união de ciência e militares que tanto ajudou a forjar nos EUA. Em 1949, escreveu um livro que afirmava que a militarização da ciência acabaria por prejudicar a economia norte-americana.

Antes disso, em 1945, na ressaca da Segunda Guerra, ele escrevera o ensaio "As We May Think" ("Como Podemos Pensar", publicado na revista *Atlantic Monthly*). Procurava ali um objetivo para os cientistas de seu país, que haviam trabalhado juntos no esforço de guerra e agora precisariam de novas metas. No ensaio, descreve o "Memex", máquina baseada em microfilme, que seria capaz de armazenar textos e imagens e criar associações entre eles. Embora a máquina jamais tenha sido fabricada, sua fundamentação teórica lançou as bases para a idéia de hipertexto.

Eis alguns trechos de "As We May Think":

> Formas completamente novas de enciclopédia vão aparecer, já prontas, com uma rede de rastros associativos correndo por elas, prontas para serem colocadas no Memex e ali amplificadas. O advogado tem ao toque de seus dedos as opiniões e decisões de toda a sua experiência e da experiência de amigos e autoridades. O advogado de patentes tem ao seu dispor os milhões de patentes já emitidas, com rastros que apontam para cada ponto do interesse de seu cliente. […] O químico, lutando com a síntese de um composto orgânico, tem toda a literatura química à sua frente no laboratório, com rastros seguindo as analogias dos compostos, e trilhas para seu comportamento físico e químico.

[...] Presumivelmente, o espírito do homem poderia ser elevado se ele pudesse melhor revisar seu passado sombrio e analisar mais completa e objetivamente seus problemas presentes. Ele construiu uma civilização tão complexa que precisa mecanizar seu registro de uma forma mais completa para experimentar sua conclusão lógica e não simplesmente ficar limitado pela sobrecarga excessiva de sua memória limitada. Sua excursão talvez se torne mais agradável se ele puder readquirir o privilégio de esquecer as muitas coisas que não precisa ter imediatamente à mão, com alguma tranqüilidade de que poderá encontrá-las de novo se for necessário.[14]

O HOMEM QUE INVENTOU O MOUSE

A semente lançada pelo Memex iria germinar nas mãos de Douglas Engelbart (1925-), um técnico de radar da Marinha que servia nas Filipinas enquanto Bush coordenava o esforço de guerra de milhares de cientistas, e que ali leu "As We May Think". A idéia de uma máquina que pudesse estabelecer conexões e facilitar o acesso à informação nunca mais o abandonou. Depois da guerra, Engelbart foi trabalhar no Naca Ames Laboratory (que daria origem à Nasa).

Começou, então, a imaginar as possibilidades de uma máquina que conseguisse reproduzir numa tela o que era digitado num teclado. "Se as pessoas fossem

---

[14] Íntegra de "As We May Think": <http://www.theatlantic.com/doc/194507/bush>

equipadas com várias dessas estações de trabalho (ou terminais, não lembro como as chamava), elas poderiam se conectar ao mesmo computador e colaborar de várias formas", conta ele numa entrevista no site The Matrix [http://www.memex.org/].

Depois de algum tempo na Universidade de Berkeley, trabalhando num modelo teórico de computador, Engelbart foi para o Stanford Research Institute, onde participou de outros projetos ligados à computação, conseguindo pelo caminho 12 patentes.

Em 1963, conseguiu financiamento para pesquisas e fundou seu próprio laboratório, o Augmentation Research Center (*Augmentation Not Automation* era o slogan – a idéia era *aumentar* a capacidade humana, em vez de simplesmente *automatizar* tarefas). Nesse ano, escreveu o artigo "A Conceptual Framework for the Augmentation of Man's Intellect" (Um Modelo Conceitual Para Aumentar o Intelecto Humano), em que dizia ser preciso ajudar as pessoas a "lidar melhor com questões complexas e urgentes e fazê-lo coletivamente".[15]

Foi nesse laboratório, no decorrer dos anos 60 e com farto auxílio financeiro do governo, que Engelbart produziu três artefatos revolucionários: o mouse, as janelas múltiplas (precursoras das janelas usadas no sistema operacional dos computadores Macintosh da Apple e depois no Windows) e um sistema de teleconferência baseado em hipermídia (que ele chamou de NLS, de *oNLine System*). "A palavra 'hipertexto' seria criada depois por Ted Nelson" (ver "Capítulo 2"), diz

---

[15] Douglas Engelbart, "A Conceptual Framework For The Augmentation of Man's Intellect". Em: *Vistas in Information Handling*; v. 1. Nova York: Spartan Books, 1963; pp. 83-98.

ele na mesma entrevista. "Nós pensávamos em termos de ligações (*linkages*)."

Incrível que um só pesquisador tenha conseguido consolidar três metáforas que ancoram até hoje a experiência de uso do computador para milhões de pessoas no mundo inteiro.

Em 1968, numa conferência em San Francisco ("Fall Joint Computer Conference") que é considerada um marco na história dos computadores pessoais, Engelbart demonstrou de uma só vez esses três sistemas.

Ao contrário de muitos pesquisadores de computação, Engelbart nunca se preocupou muito em tornar as máquinas mais potentes. Seu foco era aumentar a capacidade dos seres humanos – nisso ele ecoava a preocupação de Vannevar Bush e as utopias de Wells e Teilhard de Chardin.

"Sinto que essa tecnologia [a Internet] vai causar uma mudança em nossa sociedade maior do que tudo desde a transição para a agricultura", declara ele (na entrevista a The Matrix). "Vou fazer uma analogia. Você tem esses organismos curiosos. São organismos sociais chamados de organizações humanas, e eles vêm se desenvolvendo com conexões muito fracas entre eles, ao longo dos anos. Você pode falar, pode acenar com as mãos, depois pode escrever; depois imprimir, duplicar com máquinas Xerox e assim por diante. Subitamente, surgem o computador digital e a rede; eles trazem uma melhoria para o que se pode chamar de sistema nervoso organizacional. Isso é um grande passo. É como uma mutação, simplesmente fantástica."

Hoje, Engelbart é consultor na Califórnia [http://www.bootstrap.org/].

Embora não haja uma linha óbvia ligando esses profetas da Internet, é possível discernir em seus escritos a mesma idéia – apenas uma fantasmagoria no início do século, que vai adquirindo contornos mais definidos no decorrer das décadas. É uma sensação de que o conhecimento humano vinha se avolumando, de que a tecnologia (viagens aéreas, telégrafo, TV, rádio) havia mudado o ritmo da vida e de que se fazia necessário um sistema de comunicação e informação que abraçasse essa nova realidade.

A visão mística de Teilhard de Chardin e a fantasia de ficção científica de Wells acabaram por se objetivar no projeto de Bush e nos protótipos de Engelbart. Só no final do século 20, porém, haveria suficiente *momentum* para o surgimento de uma rede que combinava aspectos da noosfera, do Cérebro Mundial, do Memex e do NLS.

7. A SOCIOLOGIA DA INTERNET

Embora ela seja uma realidade muito recente, pesquisadores e pensadores, de áreas diversas, já se aventuram a teorizar sobre a Internet e seus efeitos na sociedade. A quantidade de livros sobre o assunto que foi publicada nos últimos anos é enorme. Neste capítulo, vamos resumir muito sucintamente o que alguns teóricos têm a dizer sobre a vida num mundo conectado.

MANUEL CASTELLS

A trilogia *The Information Age: Economy, Society and Culture* (A Era da Informação: Economia, Sociedade e Cultura) é provavelmente a obra sociológica de maior fôlego dos últimos tempos. O sociólogo espanhol Manuel Castells não tem medo de trabalhar "a quente": interpreta fatos ocorridos um ou dois anos antes de o livro ter sido escrito.

Castells situa na raiz da era da informação três movimentos iniciados nas décadas de 1960 e 1970: a tecnologia da informação, que revolucionou a produção; a reestruturação e flexibilização do capitalismo e do estatismo; e movimentos sociais como feminismo, ecologia e ativismo gay. Os três livros percorrem um espectro de assuntos extraordinariamente amplo, da história da informática às transformações no trabalho e nos costumes sexuais.

A Internet está presente principalmente no primeiro volume da trilogia, *The Rise of the Network Society*,[16] em passagens como esta: "Redes globais de trocas instrumentais ligam e desligam seletivamente indivíduos, grupos, regiões e até países, de acordo com sua relevância em preencher os objetivos processados na rede, num fluxo incessante de decisões estratégicas. Segue-se uma ruptura fundamental entre o instrumentalismo abstrato, universal, e as identidades enraizadas historicamente e particularizadas. Nossas sociedades são, cada vez mais, estruturadas ao redor de uma oposição bipolar entre a 'Rede' e o 'Eu'".

O assunto retorna em vários pontos desse e dos outros livros. No terceiro volume, *End of Millenium*,[17] Castells escreve: "As rupturas verdadeiramente fundamentais da Sociedade da Informação são: primeiramente, a fragmentação interna do trabalho entre produtores internacionais e trabalho genérico, substituível; em segundo lugar, a exclusão social de um significativo segmento da sociedade, composto de indivíduos descartados, cujo valor como trabalhadores/consumidores

---

[16] Oxford: Blackwell, 1996.
[17] Oxford: Blackwell, 1996.

já se esvaiu e cuja relevância como pessoas é ignorada; em terceiro lugar, a separação entre a lógica de mercado das redes globais de fluxo de capitais e a experiência humana da vida dos trabalhadores".

PAUL VIRILIO

O filósofo francês Paul Virilio tem uma visão pessimista do que ele chama de "ditadura da velocidade". Para ele, o fato de que o "tempo real" cada vez mais independe do espaço pode levar a uma nova forma de acidente:

> Depois da globalização das telecomunicações, poder-se-ia esperar uma forma de acidente generalizado, um tipo de acidente nunca visto antes. Seria tão estontante quanto o tempo global, esse tempo nunca visto. Um acidente generalizado seria algo que Epicuro chamava de "acidente dos acidentes" (e Saddam Hussein chamaria de "a mãe de todos os acidentes"). O colapso do mercado de capitais é meramente uma ligeira antecipação disso. Ninguém viu esse acidente generalizado ainda. Mas preste atenção quando ouvir falar da "bolha financeira" na economia: uma metáfora muito significativa é usada aqui, e conjura visões de uma espécie de nuvem, lembrando outras nuvens, tão assustadoras quanto as de Chernobyl… ("Speed And Information: Cyberspace Alarm!", publicado na revista *Ctheory*, <http://www.ctheory.net/>)

PIERRE LÉVY

O filósofo francês Pierre Lévy retomou o tema do cérebro mundial, batizando-o de "hipercórtex". Para ele, o fato de a World Wide Web permitir a comunicação de muitos para muitos (diferente da TV, rádio e mídia impressa, de um para muitos; e do telefone, de um para um) possibilita o compartilhamento e transmissão de uma memória social e aos poucos está gerando uma inteligência coletiva.

"Certas formas de mundo virtual permitem [...] que se exprimam e que se visualizem praticamente em tempo real os diversos componentes de psiquismos coletivos", afirma ele no texto "L'Intelligence Collective et ses Objets", publicado na Internet [http://www.t0.or.at/levy/plevy.htm].

Mais do que a pesquisa utilitária de informação, é a sensação vertiginosa de mergulhar no cérebro comum e participar o que explica o fascínio pela Internet. Navegar no *cyberspace* é como lançar um olhar consciente sobre a interioridade caótica, o ronronar incansável, as futilidades banais e as fulgurações planetárias da inteligência coletiva.

Lévy defende que não se deve temer a comercialização da Internet, mas sim encontrar maneiras de preservar dentro dela as comunidades de troca de informação desinteressada: "O internauta não necessita de dinheiro, porque sua comunidade já dispõe de um objeto constitutivo, virtual, desterritorializado, produtor de um laço e cognitivo por natureza".

Lévy é um dos fundadores de uma empresa chamada Trivium (palavra que designava as três disciplinas básicas do currículo universitário medieval: gramática, lógica e retórica). Ela produz um software de mesmo nome que se destina à gestão de informação e pode ser usado para trabalhos em equipe.[18]

NICHOLAS NEGROPONTE

Nicholas Negroponte nunca foi propriamente um teórico, mas no começo dos anos 90 fez um papel de divulgador da Internet, escrevendo sobre o assunto e fazendo palestras pelo mundo inteiro. Formado em arquitetura, é fundador e presidente emérito do Media Lab (Laboratório de Mídia) do Massachusetts Institute of Technology (EUA). Também é conhecido por seu trabalho na organização OLPC ("One Laptop Per Child", Um Laptop Por Criança), projeto que visa desenvolver um notebook barato com objetivo de difundir conhecimento e novas tecnologias entre crianças de países em desenvolvimento.

Em seu livro *A Vida Digital*,[19] Negroponte faz uma oposição entre "átomos" e "bits". Os bits compõem tudo o que pode ser transmitido através da Internet – segundo ele, aos poucos toda a mídia vai se tornando digital, e o mesmo acontece com as finanças:

> A distância significa cada vez menos no mundo digital. De fato, um usuário da Internet não se apercebe dela. [...] Quando um sistema de entrega que se parece mais com a Internet começar a

---

[18] Algumas obras de Pierre Lévy: *As Árvores de Conhecimentos* (São Paulo: Escuta, 1998), *A Inteligência Coletiva* (São Paulo: Loyola, 1998), *O Que é o Virtual?* (São Paulo: Editora 34, 1996), *As Tecnologias da Inteligência* (Rio de Janeiro: Editora 34, 1993).
[19] São Paulo: Companhia das Letras, 1995.

ser usado no mundo do entretenimento, o planeta se tornará uma só máquina de mídia. Casas equipadas hoje com antenas móveis de satélite já têm o gostinho de uma variedade enorme de programação, sem barreiras geopolíticas. O problema é como lidar com tudo isso.

Comentários como esses, da parte de sociólogos, filósofos, antropólogos e outros pesquisadores, servem para demonstrar o quanto a Internet, hoje, define a cultura e a sociedade humanas. Nosso mundo é, em boa medida, o mundo da Internet. Não se trata só de uma tecnologia, uma máquina que realiza determinado tipo de operação para obter determinado tipo de resultado. É, isto sim, um conjunto complexo de operações, que alteram ou podem alterar a organização das relações sociais, tanto quanto o comportamento individual. É uma "ciência humana", no sentido estrito: uma soma dos termos, cujo resultado ainda é cedo para estimar, mas que já se anuncia como da maior grandeza.

CRONOLOGIA

1962 – Começa a pesquisa sobre uma rede de comunicações para uso militar, na Rand Corporation, organização ligada ao governo norte-americano.

1964 – Surge a primeira proposta para uma rede do tipo da Internet, escrita pelo cientista Paul Baran ("On Distributed Communications Networks").

1968 – O National Physical Laboratory, na Inglaterra, testa a primeira rede baseada nesses princípios. Pouco depois, a Arpa (Advanced Research Projects Agency), ligada ao Pentágono, decide iniciar um projeto maior e mais ambicioso nos Estados Unidos.

1969 – Quatro computadores, na UCLA, na UC Santa Barbara, em Stanford e na Universidade de Utah, são conectados em rede e dão origem a Arpanet, nos EUA.

1970 — Estréia a Alohanet, na Universidade do Havaí. Cientistas e estudantes começam a usar a Arpanet principalmente para trocar mensagens de correio eletrônico, e não só para compartilhar recursos de computadores, como tinha sido imaginado de início.

1972 — Ray Tomlinson, criador do correio eletrônico na Internet, inventa os endereços com o sinal "@", usado até hoje.

1973 — A Arpanet estabelece conexões internacionais, na Inglaterra e na Noruega.

1974 — A BBN (Bolt, Beranek & Newman) abre a Telenet, uma versão comercial da Arpanet.

1976 — A rainha Elizabeth da Inglaterra manda sua primeira mensagem de correio eletrônico.

1979 — Nasce a Usenet, rede de grupos de discussão.

1982 — O termo "Internet" é usado pela primeira vez.

1983 — O TCP/IP se torna a linguagem universal da Internet.

1988 — No dia 1º de janeiro o *Internet worm* ("verme da Internet"), programa feito por um estudante, paralisa temporariamente 6 mil dos 60 mil computadores então ligados à rede.

1990 – Termina a Arpanet. Cerca de 300 computadores estão ligados à Internet.

1991 – Surge a World Wide Web.

1993 – Surge o Mosaic, desenvolvido por Marc Andreessen e um grupo de estudantes na Universidade de Illinois.

1994 – É fundada a Netscape. A febre da Internet começa a tomar conta do mundo. Os Rolling Stones fazem um show transmitido pela rede, através do MBone (rede multimídia experimental, dentro da Internet). O HotWired, site da revista *Wired*, inaugura o uso de banners como forma de publicidade online.

1996 – 25º aniversário da Internet. São 10 milhões de hosts (computadores ligados à rede) em 150 países. O *Communications Decency Act* (Lei de Decência nas Comunicações – emenda que restringiria e censuraria a comunicação pela Internet nos EUA) é aprovado.

1997 – O número de *hosts* na Internet ultrapassa 16 milhões. O *Communications Decency Act* é considerado inconstitucional.

1998 – A America Online (AOL) anuncia a compra da Netscape por US$ 4,2 bilhões em ações.

1999 – A Internet chega à Arábia Saudita. O vírus Melissa, que se espalha por e-mail, causa pânico entre usuários. Empresas de telefonia começam a preparar celulares que podem se conectar à Internet.

2000 – O "bug do ano 2000" não provoca nenhum efeito relevante nos computadores do mundo.

Nos primeiros dias do ano, a AOL anuncia a compra da Time Warner por US$ 160 bilhões. O software de troca de música em MP3 Napster consegue 20 milhões de usuários em poucos meses e causa nos Estados Unidos uma das maiores polêmicas da história da Internet. Gravadoras e bandas processam os autores do software, acusados de provocar redução das vendas de CDs no país.

2001 – A Apple anuncia o iPod, tocador portátil de músicas digitais. O dispositivo – com capacidade para cerca de mil canções –, permite carregar e ouvir em qualquer lugar as músicas armazenadas no computador, tanto as baixadas pela rede quanto as extraídas de CDs.

A grande quantidade de pessoas em busca de informações sobre os ataques terroristas de 11 de setembro derruba vários sites de notícias pelo mundo.

2002 – A fatia de mercado do Internet Explorer, navegador web da Microsoft chega a 95%.

2003 – Impulsionada pelo sucesso do iPod, a Apple começa a vender arquivos de música por meio da iTunes Music Store. As mais de 200 mil músicas do catálogo têm o mesmo preço: US$ 0,99. O serviço vende um milhão de canções na primeira semana de operação.

Nova York é o berço de uma nova mania: as *flash mobs* (multidões-relâmpago). Os eventos – em que grupos de pessoas se reúnem em um lugar predeterminado, praticam um ato insólito e vão embora em poucos minutos – são combinados usando a Internet e os serviços de mensagens de texto dos telefones celulares.

Dois novos serviços online são lançados e começam a conquistar adeptos: o Skype – que permite ligações telefônicas pela Internet a preços bem menores que os das operadoras de telefonia convencionais – e o Second Life, ambiente de realidade virtual.

2004 – O Google estréia na bolsa eletrônica Nasdaq. O preço de oferta inicial é US$ 85 e as ações fecham o primeiro dia de negociações cotadas a US$ 100,33. Pouco mais de um ano depois, as ações do Google são negociadas a mais de US$ 400.

Em outubro, Chris Anderson, editor-chefe da revista *Wired*, publica o artigo "The Long Tail", onde descreve a estratégia de nichos de certas empresas online, como a Amazon. As idéias do artigo são ampliadas em um livro de mesmo título, lançado em 2006.

A Mozilla Foundation lança a versão 1.0 do navegador Firefox.

35% do tráfego da Internet é usado para troca de arquivos usando o sistema BitTorrent.

2005 – Steve Chen e Chad Hurley criam o site de compartilhamento de vídeos YouTube, que vem a se tornar um dos sites com maior crescimento na história da Web.

O eBay, serviço de leilões online, compra o Skype por US$ 2,6 bilhões.

A News Corporation, do magnata Rupert Murdoch, compra o site de relacionamentos MySpace por US$ 580 milhões.

Em setembro, Tim O'Reilly, fundador da O'Reilly Media, publica no blog da empresa o artigo "What Is Web 2.0".

2006 – O Google anuncia a compra do YouTube por US$ 1,65 bilhão.

A revista *Time* aponta "você" como personalidade do ano por conta do aumento explosivo no uso de sites como o YouTube, MySpace e Wikipédia, nos quais o conteúdo é criado pelos próprios usuários.

2007 – A Microsoft compra 1,6% do Facebook, rede de relacionamentos que compete com o MySpace, por US$ 240 milhões, o que daria um valor teórico de 15 bilhões ao serviço.

Chega às lojas nos EUA o iPhone da Apple. O produto é um misto de iPod, navegador web e telefone celular. As ações do Google chegam a US$ 700.

O Google é considerado a marca mais valiosa do mundo, na frente de GE, Microsoft e Coca-Cola.

2008 – Microsoft faz oferta de US$ 44,6 bilhões para comprar o Yahoo!

Bill Gates se afasta do comando da Microsoft para se dedicar a projetos nas áreas de saúde e educação em países pobres.

NO BRASIL

1988 – Primeiros acessos à rede acadêmica de troca de mensagens Bitnet, no LNCC (Laboratório Nacional de Computação Científica) e na Fapesp (Fundação de Amparo à Pesquisa do Estado de São Paulo).

1989 – A UFRJ (Universidade Federal do Rio de Janeiro) se conecta à Bitnet. O Ibase coloca em operação o Alternex, com correio eletrônico e grupos de discussão. É o primeiro sistema de acesso à Internet fora de universidades e institutos de pesquisa que surge no Brasil e uma das experiências pioneiras no mundo, nesse gênero.

É criada a RNP (Rede Nacional de Pesquisa), cooperação entre a Fapesp, Faperj (Fundação de Amparo à Pesquisa do Rio de Janeiro), Finep (Financiadora de Estudos e Projetos), CNPq e Fapergs (Fundação de Amparo à Pesquisa do Rio Grande do Sul). É fundada a APC (Associação para o Progresso das Comunicações), sociedade internacional de entidades civis que visa usar comunicação via computador para iniciativas sociais. O Ibase é um dos fundadores.

1991 – Começa a ser esboçada a rede da RNP, com uma conexão entre o LNCC e a Fapesp.

1992 – O Ibase expande as conexões do Alternex e usa a infra-estrutura da Internet para conectar centenas de ONGs e pesquisadores, que acompanharão assim a ECO-92, no Rio de Janeiro.

São criadas várias redes universitárias estaduais, como a ANSP e a Rede Rio.

1994 – Universidades começam a criar seus sites. Entre os primeiros, estão os da UFRJ e da UFSC (Universidade Federal de Santa Catarina), o do projeto Escola do Futuro (USP) e o do Laboratório de Sistemas Integráveis da Escola Politécnica da USP. Começam a surgir reportagens sobre a Internet em jornais e revistas. Em julho, a *Folha de S. Paulo* publica uma edição especial do caderno "Mais!" sobre a Internet.

Surgem pequenos provedores comerciais de acesso à Internet. No fim do ano, a Embratel lança seu serviço comercial de acesso à Internet.

1995 – A novela *Explode Coração*, da Globo, inclui a Internet em seu enredo.

Em dezembro, é lançada a revista *InternetWorld*. O número de usuários no país é estimado em 120 mil. Os principais jornais brasileiros (*Folha de S. Paulo*, *O Globo*, *Jornal do Brasil* e *O Estado de S. Paulo*) inauguram sites. O brasileiro já pode ver a previsão do tempo e acompanhar as cotações da Bolsa pela Internet. O número de provedores no país é estimado em pouco mais de 20. Surge o Comitê Gestor da Internet, com o objetivo de traçar normas e políticas de desenvolvimento para a rede no Brasil.

1996 – O Grupo Folha lança o Universo Online, e o Grupo Abril o Brasil Online. No final do ano, as duas empresas se fundem e adotam como único nome Universo Online. Em dezembro, estréia o ZAZ, do grupo RBS.

1997 – Os brasileiros já podem entregar sua declaração de Imposto de Renda pela Internet. Um grande número de bancos, lojas e empresas já tem sites, e o número de provedores de acesso é superior a 400.

1998 – O número de brasileiros que usam a Internet chega a 1,8 milhão somente nas nove principais cidades brasileiras, segundo o Ibope. Estréia o primeiro serviço de acesso via rádio, e o primeiro via *cable modem*. Hackers invadem site da CBF e deixam mensagem acusando a Seleção Brasileira de ter vendido a Copa do Mundo.

1999 – Segundo pesquisa Datafolha, o número de usuários da Internet no Brasil atinge 7,6 milhões. Cerca de 6 milhões de contribuintes entregam sua declaração de Imposto de Renda pela Internet (pouco mais de 50% do total de 11,5 milhões). A Starmedia compra o site de busca Cadê?. Estréia o Yahoo! Brasil. A AOL estréia seu site e processa um provedor de Curitiba por ter registrado o endereço aol.com.br. O investimento de empresas de informática no país é de US$ 1,7 bilhão nesse ano (revista *Exame*).

2000 – Apenas nos dois primeiros meses do ano, 11 provedores grátis anunciam operação no Brasil. São entregues 9,986 milhões de declarações de Imposto de Renda pela Internet (82,5% do total). Em fevereiro, a Zipnet é vendida por US$ 365 milhões para a Portugal Telecom.

2001 – O mercado de Internet grátis míngua tão subitamente quanto havia surgido, no princípio de 2000. Universo Online assume o controle operacional da Zipnet. Portugal Telecom passa a ser acionista do UOL Inc. (17,4% de participação), em negócio que envolve um aporte de US$ 100 milhões. O número de usuários, porém, continua crescendo – pesquisa de agosto aponta 23 milhões de usuários, ou seja, 19% dos brasileiros (dados de Folha Ibrands). De acordo com a estimativa do Giga Internet Group, o Brasil é o segundo país que cresce mais rápido em número de usuários (o primeiro é a Eslováquia).

2003 – O fenômeno das "flash mobs" chega ao Brasil. Em agosto, no meio do dia, dezenas de pessoas param no meio da travessia entre a av. Paulista e a r. Augusta, tiram um dos sapatos do pé e batem-no contra o chão.

2004 – Logo no começo do ano, o Google cria a rede de relacionamentos Orkut. Para participar do período de teste é preciso receber um convite de outro participante. Em junho, a quantidade de brasileiros cadastrados no serviço ultrapassa a de americanos. Pouco tempo depois, os brasileiros respondem por mais da metade dos usuários do serviço. A empresa não consegue explicar o fenômeno. O crescimento rápido provoca lentidão e falhas no serviço.

2005 – O Google desembarca no Brasil e abre seu escritório local. Pouco tempo depois, anuncia a compra da Akwan, empresa de buscas criada por um grupo de professores da Universidade Federal de Minas Gerais. O valor da compra não é divulgado.

Em abril, pesquisa do Ibope/NetRatings aponta o brasileiro como recordista mundial em tempo de navegação, com média de 15 horas e 14 minutos mensais. O Brasil também é líder no uso de programas de mensagem instantânea. O UOL estréia na Bovespa (Bolsa de Valores de São Paulo) e se torna o primeiro portal brasileiro a ser negociado na bolsa. Em seu primeiro dia de negociação, a ação fechou a R$ 21, valorizada 16,66% do preço da oferta pública de R$ 18.

2006 – O mês de março marca o encerramento das operações da AOL Brasil, que transfere sua carteira de assinantes para o Terra.

Submarino e Americanas.com, duas gigantes do comércio eletrônico brasileiro, anunciam a fusão de suas operações. A B2W, empresa resultante da operação, tem seu valor de mercado estimado em R$ 8 bilhões e um faturamento acumulado de quase R$ 1,6 bilhão nos nove primeiros meses do ano.

O brasileiro navega mais de 20 horas por mês (Ibope/NetRatings)

2007 – Justiça brasileira determina o bloqueio do YouTube a pedido da modelo Daniella Cicarelli, que aparece em um vídeo do site com o namorado, em uma praia da Espanha. Mais de cinco milhões de internautas brasileiros são afetados. O bloqueio é suspenso pouco tempo depois e a modelo pede desculpas publicamente pelo evento.

A versão brasileira do Second Life estréia em abril, com cenários reproduzindo São Paulo e Rio de Janeiro.

2008 – Receita Federal recebe pela Internet 23,9 milhões de declarações de Imposto de Renda, de um total de 24,2 milhões.

Google anuncia a transferência do controle do Orkut para o Brasil. O escritório da empresa em Belo Horizonte passa a ser responsável pela gestão, estratégia e melhorias do serviço.

As operações do Google em toda América Latina passam para as mãos de Alexandre Hohagen, que ocupava o cargo de presidente do Google Brasil

Para fazer frente a B2W (Submarino, Americanas.com e Shoptime.com), a rede varejista Ponto Frio cria a Pontofrio.com, empresa focada em comércio eletrônico.

GLOSSÁRIO

ADSL – Abreviatura de *Asymmetric Digital Subscriber Line*, ou "linha digital assimétrica para assinantes". Método de transferência de dados por linhas comuns de telefone, muito mais rápido que uma conexão discada normal. É chamado de assimétrico porque a velocidade de *upload* é menor que a de *download*.

autenticação – Medida de segurança para checar a identidade de um usuário, geralmente usando nomes de usuário e senhas.

backbone – "Espinha dorsal", em inglês. Redes de dados de alta velocidade que servem de pontos de acesso para outras redes se conectarem.

bandwidth, ou "largura de banda" – Quantidade de dados que se consegue transferir através de um link de rede em determinado tempo. É geralmente medida em bps (bits por segundo).

banner – "Bandeira", em inglês. Propaganda exibida em páginas da Web. Geralmente retângulos na parte superior ou inferior das páginas, mas podem aparecer também outros formatos.

bate-papo – O mesmo que *chat*. "Conversa" em tempo real pela Internet. Os participantes se reúnem em "salas" ou "canais", geralmente agrupados por interesse, faixa etária, lugar em que moram etc., e digitam frases.

Bcc – Abreviatura de *blind carbon copy*, ou "cópia carbono oculta" (Cco, nos programas em português). Preencha esse campo nos cabeçalhos de mensagens de correio eletrônico, quando quiser que alguém receba uma cópia da mensagem que você está enviando sem que os outros destinatários vejam que a pessoa está incluída.

bit – A menor unidade de dados em computação. Abreviatura de *b*inary dig*it*. Um bit pode ser representado por um "0" ou um "1".

blog – Tipo de site em que o conteúdo está organizado em entradas (chamadas de posts) ordenadas cronologicamente, com o post mais recente no alto. Também usa-se "weblog".

bookmark – Função dos programas de navegação (ver *browser*) que permite que você salve o endereço de um site, para voltar a ele quando quiser.

browser – Termo inglês para "navegador" ou "programa de navegação" (Firefox, Internet Explorer e outros).

byte – Uma combinação de oito bits que representa um valor de 0 a 255.

cable modem, ou modem de cabo – Aparelho que permite conectar um computador à Internet através do mesmo cabo utilizado pela TV a cabo. Bem mais veloz que linhas telefônicas.

cache – No computador, área da memória onde o programa de navegação grava cópias de páginas visitadas. Quando você volta a uma página salva no cache, o programa exibe aquela cópia como forma de acelerar a navegação.

Cc – Abreviatura de "cópia carbono". Preencha esse campo nos cabeçalhos de mensagens de correio eletrônico, quando quiser que alguém receba uma cópia da mensagem que você está enviando.

chat – Ver *bate-papo*.

cookie – Informação que um site envia ao seu computador como forma de reconhecê-lo durante a navegação. Pode ser uma senha, as compras que estão no seu "carrinho" virtual, suas preferências etc.

CPU – Abreviatura de *Central Processing Unit*, ou "unidade central de processamento". O principal chip do seu computador, que controla operações essenciais ao seu funcionamento.

cracker – Pessoa que viola a segurança de programas, redes e computadores alheios com fins maliciosos como roubar, alterar ou destruir informação.

criptografia – Programas de criptografia embaralham o conteúdo de uma mensagem antes de enviá-la, para que somente o destinatário possa lê-la – para isso, ele precisa ter o mesmo programa de criptografia. Servidores seguros de lojas e bancos (que podem ser identificados por um cadeado ou chave que aparece na parte inferior do programa de navegação) também usam criptografia para proteger os dados enviados.

cyberspace ou ciberespaço – Termo criado pelo escritor William Gibson em seu romance *Neuromancer* e hoje usado para se referir ao "espaço" abstrato construído pelas redes de computadores.

domínio, ou nome de domínio – Um endereço de Web no Brasil tem normalmente esta estrutura: www.nomedosite.com.br, onde www é a sigla de World Wide Web, que se usa por convenção, mas que não é obrigatória. Após o nome do site, vêm os sufixos que designam o tipo de organização (.com para "comercial", .edu para "educacional", .gov para "governamental", .org para "organização sem fins lucrativos", .mil para "militar") e o país (.br para "Brasil", .ar para "Argentina", .fr para "França", e assim por diante). Nos endereços dos Estados Unidos, a sigla do país não é usada, pois no princípio só havia endereços de Internet lá, e não se julgou necessária essa distinção (veja uma lista dos domínios de países no endereço http://www.iana.org/domains/root/cctld/). Os nomes de sites são chamados de "nomes de domínio" (*domain names*). Os sufixos de três letras .com, .net, .org, .edu, .int, .mil e .gov são chamados de "domínios de primeiro nível", e os sufixos de duas letras que designam o país (como .br, por exemplo) são chamados de "domínios de países".

download – Transferir arquivos de um computador para outro. Se você está copiando um arquivo de um computador remoto, o procedimento é chamado de *download*. Se você está enviando um arquivo para um computador remoto, o procedimento é chamado de *upload*. No Brasil, as pessoas costumam se referir a essas operações como "baixar arquivos" (*download*) e "subir arquivos" (*upload*).

DNS – Um sistema de banco de dados que traduz um endereço IP (ver verbete) para um domínio. O endereço IP é numérico (exemplo: 200.221.3.135), e o domínio é um nome (exemplo: www.folha.com.br).

endereço – Também chamado de URL (ver verbete). Identificação necessária para alcançar um site (exemplo: http://www.folha.com.br/) ou enviar mensagem (e-mail) para um usuário (exemplo: miguel@folha.com.br) na Internet.

e-mail – Abreviatura de *electronic mail*, ou "correio eletrônico".

FAQ – Abreviatura de *Frequently Asked Questions*, ou "perguntas mais freqüentes". Arquivos de informação que são mantidos por muitos sites, com respostas às dúvidas mais comuns dos usuários.

feed – Recurso de alguns sites que, aliado a um software específico, permite alertar os visitantes quando há conteúdo novo. Também conhecido como feed RSS.

FTP – Abreviatura de *File Transfer Protocol*, ou "protocolo de transferência de arquivos". Com um programa de FTP, você se conecta a um site e recebe (ver *download*) ou envia (ver *upload*) arquivos.

GIF – Abreviatura de *Graphics Interchange Format*, ou "formato para troca de imagens". Um dos formatos de imagens muito usados na World Wide Web (ver *JPEG*).

grupos de discussão – Os grupos de discussão na Internet (*newsgroups*) compreendem milhares de assuntos e são mais antigos que a Web. As mensagens podem ser lidas diretamente no programa de correio eletrônico.

hacker – Pessoa que gosta de explorar e aprender os detalhes de funcionamento de programas, computadores e redes como forma de remover limitações ou criar possibilidades de uso não previstas originalmente.

hipertexto – Texto que inclui *links* para outras páginas na *Web*. Através dos *links*, você pode "saltar" facilmente de uma página para outra.

hit – Requisição feita por um programa de navegação a um servidor na Internet. Cada documento de texto, imagem, arquivo de som ou qualquer outro arquivo conta como *hit* numa página da Web. O *hit* era usado como medida de audiência, mas foi abandonado em favor do *page view* (ver verbete).

HTTP – Abreviatura de *Hyper Text Transfer Protocol*, ou "protocolo de transferência de hipertexto". É o conjunto de regras de comunicação entre computadores que faz funcionar a World Wide Web.

home page – A página de abertura de um site na Internet.

host – O servidor que hospeda um site na World Wide Web.

HTML – Abreviatura de *HyperText Mark-up Language*, ou "linguagem de marcação de hipertexto". O código usado para criar documentos de hipertexto na World Wide Web.

Internet – Rede que liga computadores no mundo inteiro. Foi criada em 1969 como um projeto militar e usada durante anos para comunicação entre universidades e institutos de pesquisa. Começou a ser explorada comercialmente no início dos anos 90.

IP – Abreviatura de *Internet Protocol*, ou "protocolo da Internet". As regras que permitem que a Internet funcione e que os computadores se comuniquem.

Java – Linguagem de programação independente de plataforma, criada pela Sun Microsystems. Com o Java, é possível criar pequenos programas que são carregados junto com páginas da Web, trazendo animações, efeitos sonoros, games etc.

JPEG – Um dos formatos de compressão de imagem usados na Internet (ver *GIF*). É mais adequado para fotos.

kilobyte ou KB – Unidade equivalente a 1024 bytes (ver *byte*).

Kbps – Kilobits por segundo. Medida de velocidade de transmissão de dados. Por exemplo: um modem de 56 Kbps transfere dados numa velocidade de até 56 kilobits por segundo.

linha dedicada – Tipo de linha de comunicação especial que permite ter uma conexão permanente com a Internet.

link – "Ligação", em inglês. Texto ou imagem que, num documento de hipertexto, leva a outros documentos e sites. Geralmente, o texto com *link* vem destacado do resto do texto da página.

lista de discussão – Grupo de discussão por e-mail. Um programa servidor de listas mantém uma lista de todos os assinantes. Quando um e-mail é enviado para o endereço da lista, todos os assinantes o recebem.

login – Entrar numa rede de computadores. Também pode se referir ao nome do usuário em determinado sistema.

MP3 – Abreviação de MPEG-1 audio layer 3. Formato que revolucionou a distribuição de música pela Internet, por dois motivos: reduz muito o tamanho de arquivos de áudio, com pouca perda de qualidade, e é aberto, ou seja, pode ser usado livremente (não é de propriedade de nenhuma empresa). MPEG é a abreviatura de Moving Pictures Expert Group, organização que desenvolveu o formato.

navegador – Ver *browser*.

navegar – Percorrer páginas na World Wide Web, indo de um *link* a outro.

off line – Desconectado da Internet.

online – Conectado à Internet.

page view – Página vista, em inglês. É uma medida usada para acompanhar a visitação de um site.

permalink – Endereço Web de cada um dos posts de um blog. O termo vem de *permanent link* ("link permanente").

podcast – Publicação de arquivos de áudio que podem ser transferidos e ouvidos no computador ou num tocador de MP3 portátil. A palavra é uma referência ao iPod, player portátil da Apple, e à palavra *broadcast* (transmissão de conteúdo).

portal – Site que pretende ser uma experiência completa para o usuário, oferecendo vários tipos de conteúdo e serviços. O UOL e o Terra são exemplos de portais.

portal vertical – Portal com foco num só assunto. Por exemplo: carros, gastronomia, música etc.

programa de navegação – Ver *browser*.

protocolo – Conjunto de regras que descrevem o comportamento necessário para que um computador "entenda" outro dentro de determinada rede ou sistema.

provedor de acesso – Empresa que fornece serviços de conexão à Internet.

senha – Palavra secreta que serve como confirmação da identidade de determinado usuário.

servidor – Computador que tem ligação permanente com a Internet, podendo ser localizado nela por um endereço numérico (exemplo: 200.221.3.135) ou por uma URL (exemplo: www.folha.com.br). Sites sempre são hospedados em servidores.

site – Página ou coleção de páginas na World Wide Web.

shareware – Software que está disponível para *download* gratuito na Internet, a fim de que as pessoas possam testá-lo – se alguém decide se tornar usuário do programa, deve pagar, mas não é obrigada a fazê-lo na fase de teste.

spam – Envio em massa de e-mails (geralmente de propaganda) não-solicitados. A palavra vem do nome de uma presuntada em lata vendida nos Estados Unidos.

surfar – O mesmo que "navegar".

tag – Palavra associada aos posts de blogs, fotos, vídeos e outros tipos de conteúdo na Web. O uso de tags facilita a busca e é uma forma mais flexível de classificação do que um conjunto pré-definido de categorias.

TCP/IP – Abreviatura de *Transmission Control Protocol/ Internet Protocol*. Conjunto de protocolos de comunicação que regulam o funcionamento básico da Internet. É a "língua" que todos os computadores que estão ligados à Internet usam para se comunicar.

time spent online – "Tempo de permanência" online. Medida da média de tempo que cada usuário gasta num site.

unique visitor – "Visitante único", em inglês. Medida que identifica quantas pessoas diferentes passam por um site.

upload – Enviar arquivo a outro computador ou site (ver *download*).

URL – Abreviatura de *Uniform Resource Locator*, ou "localizador uniforme de recursos". Endereço que permite localizar um site na World Wide Web. O formato mais utilizado é www.nomedosite.com.br, onde www significa World Wide Web, seguido do nome do site ou empresa, de uma sigla que indica se o site é comercial (.com), não-lucrativo (.org), educacional (.edu) etc., e da sigla do nome do país (Brasil: .br). No caso dos EUA, não se usa a sigla de país.

WAP – *Wireless Application Protocol*, ou "protocolo de aplicações sem fio". Protocolo usado em telefones celulares para permitir a navegação em sites que possuem versões simplificadas de suas páginas, mais adequadas às telas dos telefones.

webmaster – Nos primeiros tempos da Web, era o profissional que cuidava de todos os aspectos de um site. Com o crescimento dos sites e a especialização de funções, o webmaster normalmente é quem programa as páginas em HTML.

Wi-Fi – Vem de *Wireless Fidelity*. Tecnologia de rede que permite o acesso sem fio a Internet e a comunicação entre computadores. É bastante usada em redes caseiras.

wiki – Site em que as páginas podem ser facilmente alteradas pelos visitantes. Usa convenções de formatação de texto que dispensam conhecimentos de HTML e que permitem a criação automática de links entre as páginas. A palavra vem da expressão "wiki wiki", que no idioma falado no Havaí significa "super-rápido".

World Wide Web – Sistema de distribuição de informação em hipertexto pela Internet. Foi criado no Cern, em Genebra, em 1991, pelo físico Tim Berners-Lee.

SOBRE OS AUTORES

Maria Ercilia Galvão Bueno é fundadora e proprietária da Try Consultoria e Pesquisas, especializada em experiência do usuário. Antes disso, trabalhou no Universo Online, onde foi diretora de produtos do BOL, e na *Folha de S.Paulo*, onde foi editora-adjunta do caderno "Mais!" e editora da "Ilustrada". Escreveu sobre Internet na *Folha* de 1994 a 2000.

Antonio Graeff é co-fundador e diretor de tecnologia da agência digital Brancaleone. Trabalhou na área de produtos do UOL; depois disso foi gerente de tecnologia e operações da Folha Online.

FOLHA
EXPLICA

1 MACACOS — Drauzio Varella
2 OS ALIMENTOS TRANSGÊNICOS — Marcelo Leite
3 CARLOS DRUMMOND DE ANDRADE — Francisco Achcar
4 A ADOLESCÊNCIA — Contardo Calligaris
5 NIETZSCHE — Oswaldo Giacoia Junior
6 O NARCOTRÁFICO — Mário Magalhães
7 O MALUFISMO — Mauricio Puls
8 A DOR — João Augusto Figueiró
9 CASA-GRANDE & SENZALA — Roberto Ventura
10 GUIMARÃES ROSA — Walnice Nogueira Galvão
11 AS PROFISSÕES DO FUTURO — Gilson Schwartz
12 A MACONHA — Fernando Gabeira
13 O PROJETO GENOMA HUMANO — Mônica Teixeira
14 A INTERNET — Maria Ercilia e Antonio Graeff
15 2001: UMA ODISSÉIA NO ESPAÇO — Amir Labaki

16	A CERVEJA	Josimar Melo
17	SÃO PAULO	Raquel Rolnik
18	A AIDS	Marcelo Soares
19	O DÓLAR	João Sayad
20	A FLORESTA AMAZÔNICA	Marcelo Leite
21	O TRABALHO INFANTIL	Ari Cipola
22	O PT	André Singer
23	O PFL	Eliane Cantanhêde
24	A ESPECULAÇÃO FINANCEIRA	Gustavo Patú
25	JOÃO CABRAL DE MELO NETO	João Alexandre Barbosa
26	JOÃO GILBERTO	Zuza Homem de Mello
27	A MAGIA	Antônio Flávio Pierucci
28	O CÂNCER	Riad Naim Younes
29	A DEMOCRACIA	Renato Janine Ribeiro
30	A REPÚBLICA	Renato Janine Ribeiro
31	RACISMO NO BRASIL	Lilia Moritz Schwarcz
32	MONTAIGNE	Marcelo Coelho
33	CARLOS GOMES	Lorenzo Mammi
34	FREUD	Luiz Tenório Oliveira Lima
35	MANUEL BANDEIRA	Murilo Marcondes de Moura
36	MACUNAÍMA	Noemi Jaffe
37	O CIGARRO	Mario Cesar Carvalho
38	O ISLÃ	Paulo Daniel Farah
39	A MODA	Erika Palomino

40	ARTE BRASILEIRA HOJE	Agnaldo Farias
41	A LINGUAGEM MÉDICA	Moacyr Scliar
42	A PRISÃO	Luís Francisco Carvalho Filho
43	A HISTÓRIA DO BRASIL NO SÉCULO 20 (1900-1920)	Oscar Pilagallo
44	O MARKETING ELEITORAL	Carlos Eduardo Lins da Silva
45	O EURO	Silvia Bittencourt
46	A CULTURA DIGITAL	Rogério da Costa
47	CLARICE LISPECTOR	Yudith Rosenbaum
48	A MENOPAUSA	Silvia Campolim
49	A HISTÓRIA DO BRASIL NO SÉCULO 20 (1920-1940)	Oscar Pilagallo
50	MÚSICA POPULAR BRASILEIRA HOJE	Arthur Nestrovski (org.)
51	OS SERTÕES	Roberto Ventura
52	JOSÉ CELSO MARTINEZ CORRÊA	Aimar Labaki
53	MACHADO DE ASSIS	Alfredo Bosi
54	O DNA	Marcelo Leite
55	A HISTÓRIA DO BRASIL NO SÉCULO 20 (1940-1960)	Oscar Pilagallo
56	A ALCA	Rubens Ricupero
57	VIOLÊNCIA URBANA	Paulo Sérgio Pinheiro e Guilherme Assis de Almeida
58	ADORNO	Márcio Seligmann-Silva
59	OS CLONES	Marcia Lachtermacher-Triunfol

60	LITERATURA BRASILEIRA HOJE	Manuel da Costa Pinto
61	A HISTÓRIA DO BRASIL NO SÉCULO 20 (1960-1980)	Oscar Pilagallo
62	GRACILIANO RAMOS	Wander Melo Miranda
63	CHICO BUARQUE	Fernando de Barros e Silva
64	A OBESIDADE	Ricardo Cohen e Maria Rosária Cunha
65	A REFORMA AGRÁRIA	Eduardo Scolese
66	A ÁGUA	José Galizia Tundisi e Takako Matsumura Tundisi
67	CINEMA BRASILEIRO HOJE	Pedro Butcher
68	CAETANO VELOSO	Guilherme Wisnik
69	A HISTÓRIA DO BRASIL NO SÉCULO 20 (1980-2000)	Oscar Pilagallo
70	DORIVAL CAYMMI	Francisco Bosco
71	VINICIUS DE MORAES	Eucanaã Ferraz
72	OSCAR NIEMEYER	Ricardo Ohtake
73	LACAN	Vladimir Safatle
74	JUNG	Tito R. de A. Cavalcanti
75	O AQUECIMENTO GLOBAL	Claudio Angelo
76	MELANIE KLEIN	Luís Claudio Figueiredo e Elisa Maria de Ulhôa Cintra
77	TOM JOBIM	Cacá Machado
78	MARX	Jorge Grespan

Este livro foi composto nas fontes
Bembo e Geometr 415 e impresso em
setembro de 2008 em CTP pela Corprint,
sobre papel offset 90 g/m².